하나님의 뜻을 알고 행하는 길

# 하나님을 경험하는 삶

지도자 지침서

클로드 킹 지음

교회진흥원 번역위원회 옮김

요단

하나님의 뜻을 알고 행하는 길

# 하나님을 경험하는 삶

## 지도자 지침서

제 1 판 1쇄 발행 · 1993년 8월 20일
개정판 1쇄 발행 · 2006년 4월 5일
개정판 19쇄 발행 · 2025년 9월 5일

지은이 클로드 킹
옮긴이 교회진흥원 번역위원회
펴낸이 김용성
펴낸곳 요단출판사

주 소 07238) 서울특별시 영등포구 국회대로76길 10
기 획 (02)2643-9155
보 급 (02)2643-7290 / FAX (02)2643-1877
등 록 1973. 8. 23. 제13-10호



정가 8,000원
ISBN 978-89-350-0951-0 03230



*본문에 인용된 성경 구절은 개역개정판 성경을 사용하였음을 알려드립니다.

KNOWING AND DOING THE WILL OF GOD

# *Experiencing* GOD

LEADER'S GUIDE

CLAUDE V. KING

# CONTENTS

# 하나님을 경험하는 삶 소그룹 인도법

### 개관 : 하나님을 경험하는 삶

본 교재의 과정에 대한 소개로 「하나님을 경험하는 삶: 하나님의 뜻을 알고 행하는 길」 서문을 읽으십시오. 개관을 읽기 전에 먼저 교재 서문을 읽으셔야 합니다.

「하나님을 경험하는 삶」은 단순히 읽기 위한 책이 아닙니다. 이 책은 교재에 수록된 내용을 교육하도록 도와주는 학습서의 일종입니다. 따라서 배우는 사람들이 하나님과 더욱 깊은 관계를 가질 수 있도록 만들어졌습니다. 이러한 목적을 이루기 위해서는 학습체계의 모든 부분이 활용되어야 합니다. 배우는 사람들은 매주 교재를 스스로 예습해야 합니다. 그리고 나서 8-10명 가량이 모이는 소그룹에 참가해야 합니다. 이 모임에서는 내용을 다시 검토한다거나 질문에 대해 토론하고 개인적인 경험과 좋은 생각들을 나누면서 삶에 그것들을 적용해야 합니다.

「하나님을 경험하는 삶」은 당신이 출석하는 교회에 이러한 훈련과정이 없다 해도 당신 스스로 이 과정을 공부할 수 있습니다. 이 과정에 대해 알고 싶다면 기독교한국침례회 교회진흥원으로 문의하십시오.(전화 02-2643-7390~1)

### 지도자 지침서 사용법

이 지도자 지침서는 매주 소그룹 모임을 준비하고 지도하는 데 도움이 되도록 만들어졌습니다. 즉 소그룹 성경공부 과정을 준비한다거나 그룹원들이 활발히 참여하도록 도와줍니다. 시간을 절약하기 위해서 교재를 시작하기 전에 매주마다 한번에 준비를 마치는 것이 좋습니다.

이 지도자 지침서는 도입단원에서 12단원까지의 내용을 단계적으로 지도할 수 있는 방법을 설명합니다. 각 단원은 세 부분으로 구성되어 있습니다.

- **모임 전에** – 이 부분에는 그룹 모임에 앞서 꼭 해야 하는 것들이 소개되어 있습니다. "□"표

는 이러한 것들을 완수했는지 점검하도록 준비된 것입니다. 이 부분은 지도자들이 스스로 기도하고 영적인 준비를 충분히 하도록 최소한의 준비만을 제시하고 있습니다. 당신이 이 과정을 잘 준비하고 개발하려면 참조될 만한 것은 모두 눈여겨 보아야만 합니다.

- **모임중에** – 이 활동들은 매주 비슷한 방법으로 진행됩니다. 이 시간에는 각 단원의 내용을 검토한다거나 개인적인 경험을 나누고, 그 내용과 관련지어 기도하는 시간을 갖습니다. 찬양 시간도 있습니다.

- **모임 후에** – 이 부분은 단원학습이 얼마나 잘 이루어졌는지와 지도자로서 당신이 얼마나 잘 지도했는지를 평가하고 그룹원들의 필요가 무엇인지를 알 수 있도록 해줍니다. 이렇게 함으로써 당신은 가르치는 능력을 향상시킬 수 있습니다. 매주 당신은 그룹원들을 염두에 두면서 개인적인 만남이 필요한 한두 사람을 선정해야 합니다. 당신이 이러한 사역을 무시하지 않기 바랍니다. 이 학습에 있어서 당신의 일차적인 과제는 단순히 지식을 가르치는 것이 아니라 그리스도 안에서 그룹원들이 성장하도록 돕는 것입니다. 사람들에게 시간을 투자하십시오. 그러면 큰 상을 받을 것입니다.

### 소그룹 인도자의 역할

"왜 내가 이 그룹을 가르친다고 했을까? 정작 하나님의 뜻을 알고 행하는 길을 배워야 할 사람은 나인데." 당신은 이렇게 자문자답할 수 있습니다. 당신의 역할은 소그룹 안에서 성경공부만을 가르치는 것이 아닙니다. 당신은 학습활동의 인도자입니다. 당신은 그룹 학습이 잘 진행되도록 촉진제 역할을 해야 합니다. 당신이 이 일을 맡도록 하나님께서 인도하셨다고 느낀다면 그것을 감당케 하시는 이도 하나님이심을 신뢰해야 합니다. 점차 배워감에 따라 당신은 하나님의 사역을 수행하는 하나의 도구가 되는 것입니다. 하나님을 의지하고 "끊임없이 기도하십시오."

그룹원들이 「하나님을 경험하는 삶」을 공부한다면 각 단원마다 2–3시간이 소요됩니다. 성령께서 그들의 교사가 되실 것입니다. 교재의 내용과 학습활동은 그 주간 동안 그룹원들이 기본적인 진리와 원리들을 배우도록 도울 것입니다. 당신의 일은 그들로 하여금 배운 것을 다시 한 번 살펴보도록 돕는 것입니다. 다시 말해서, 하나님께서 계시하신 하나님 자신과 하나님의 목적 그리고 길을 서로 나누어 개인의 삶, 가정, 직장 그리고 교회생활에 적용하도록 돕는 것입니다.

**어려운 질문에 답하기.** 그룹원들은 당신이 대답하기 어려운 질문들을 할 것입니다. 그 질문들을 예상하십시오. 이런 경우에 당신은 배우고 있는 것을 적용해야 합니다. 당신이 답을 모른다면(혹은 안다고 할지라도) 그룹원들이 당신과 함께 기도하면서 성경을 찾도록 격려하십시오. 하나님의 해답과 관점이 당신을 인도할 수 있도록 함께 그분께 구하십시오. 그리고 나서 그분께서 그 일을 하시도록 신뢰하십시오. 하나님께서 그룹원들에게 해답을 주셨을 경우, 그 경험을 통해 당신의 그룹 전체가 하나님과 그분의 길에 관하여 더 많은 것을 배우게 될 것입니다.

## 효과적인 학습을 위한 그룹 인원

예수께서는 큰 무리들에게도 설교하셨지만, 열두 명의 제자들에게 그들의 양육을 위해 더 많이 설교하셨습니다. 특히나 그분은 신약성경에 나오는 교회의 중요한 지도자들이 될 세 명의 제자들을 더 가까이하셨습니다. 당신은 하나님이 그룹원들의 삶을 통해 최고의 사역을 하실 수 있도록 학습환경을 마련할 필요가 있습니다. 그룹원들은 서로 질문하고 개인적인 경험을 나누고 그리스도 안에서 형제, 자매들과 함께 친근하게 기도할 수 있는 소그룹에 속해 있을 필요가 있습니다. 그러므로 소그룹은 8-10명의 그룹원으로 만드십시오. 열 사람 이상이 관심을 보인다면 보다 쾌적한 학습환경을 만들기 위해 분반하십시오.

"모임중에" 있는 각 활동은 여러 조로 나눌 것을 요구하고 있습니다. 그러므로 당신은 소그룹 안에서 조를 어떻게 나누어야 할지 결정해야 합니다. 그 때 그룹원들이 나누어야 할 사항들, 사용할 수 있는 시간, 그리고 그룹원들의 보다 많은 참여가 보장되도록 그 규모를 고려하십시오.

## 「하나님을 경험하는 삶」 그룹 성경공부를 위한 준비

소그룹 인도자인 당신은 성경공부를 준비하고, 그룹원들의 참여를 돕고, 그룹 성경공부 시간을 지도하고, 미진한 부분은 공부시간 이후에 따로 채워주어야 합니다. 다음의 제안들이 이러한 일들을 해야 할 당신을 도와줄 것입니다.

**그룹의 규모를 결정하라.** 현재 교회 안에 이 과정을 통해 훈련받기를 원하는 사람들의 규모를 고려할 때 목사나 제자양육 책임자 혹은 이것에 관해 조언을 해줄 만한 다른 사람들과 함께하십시오. 예수 그리스도를 구주와 주님으로 믿는 어떤 신자도 이 성경공부를 통해 도움을 얻을 것입니다. 하나님의 뜻을 알고 행하는 데 관심을 가지는 사람들의 규모를 고려하기 위해 교회 성도들을 면밀히 검토하십시오. 이미 언급한 바와 같이, 10명이 한 그룹으로 만들어져야 합니다. 각 그룹은 인도자가 필요합니다.

**인도자들을 모집하십시오.** 각 그룹은 인도자가 필요합니다. 목회자가 최초의 그룹을 인도해서 8-10명 가량을 미래의 인도자로 세울 수도 있습니다. 더 많은 인도자가 필요할 경우, 주중에 시간을 달리하여 목회자가 둘 혹은 그 이상의 그룹을 맡을 수도 있습니다. 목회자가 최초의 그룹을 인도함으로써, 그는 하나님을 경험하는 삶에 대한 여러 사항을 익혀 그들이 하나님께 응답하는 것을 배울 때 어떻게 도와야 할지를 확실히 알게 됩니다. 이것은 또한 목회자 자신이 주님과 함께하는 길에도 도움과 활력을 불어넣을 것입니다. 목회자가 이 최초의 그룹을 인도할 수 없다면, 인도할 수 있는 교회의 영적 지도자를 선정하십시오.

하나님께서 원하시는 그룹 인도자가 누구인지 당신이 알아낼 수 있도록 기도하십시오. 이러한 인도자들은 틀림없이 성숙한 그리스도인이고, 교회활동을 활동적으로 하는 사람들일 것입니다. 인도자는 가르치는 은사, 비밀을 지키는 신의, 사람들을 친근하게 연결시키는 능력이 있고, 성경공부를 위해 충분한 시간을 투자할 용의가 있어야 합니다. 물론 소그룹을 인도할 만한 기술을 가지고 있는 사람들이어야 합니다.

**자료를 주문하십시오.** 필요한 자료는 다음과 같습니다.

- 「하나님을 경험하는 삶: 하나님의 뜻을 알고 행하는 길」 교재.
- 「하나님을 경험하는 삶」 지도자 지침서

※ 주문이나 안내는 기독교한국침례회 교회진흥원으로 해주십시오.

**노트를 준비하십시오.** 참가자들은 이 과정을 공부하면서 경건일기를 적어야 할 필요가 있습니다. 이 경건일기는 도입단원 시간이나 적어도 성경공부 첫시간에 체계가 잡히게 됩니다. 수강료에 비용을 포함시켜 모두가 같은 노트를 구입할 것인지 아니면 각자 개인적으로 구입할 것인지 결정하십시오. 100매 가량의 노트가 적당합니다. 여기에 관해 몇 가지 제안을 한다면 다음과 같습니다.

- 3공 바인더. 이것을 선택할 경우, 교재도 함께 넣을 수 있는 큰 것을 구입하도록 하십시오.
- 스프링 노트는 부문별로 구별할 수 있는 것이 좋습니다.
- 일기장 형태의 노트(예 : Q.T. 노트).
- 그룹원들에게 본서에 있는 "경건일기 기록방법"을 복사하여 주십시오.

**수강료를 정하고 받으십시오.** 이 과정에 참여하는 사람들은 교재나 학습에 필요한 각종 보조자료를 구입하는 데 필요한 비용을 지불해야 합니다. 교회가 비용을 분담할 수도 있습니다. 그러나 참가자들도 비용의 일부분을 지불해야만 합니다. 참가자들을 모집하면서 수강료를 말하십시오. 그래야만 첫시간에 놀라거나 당황하지 않습니다. 경제적인 이유로 참여할 수 없는 사람들을 위해 장학금을 줄 수도 있습니다.

**부가자료들을 준비하십시오.** 다음 사항들을 모두 준비한다면, 과정을 진행하는 동안 시간을 절약할 수 있습니다.

1. 그룹원들을 위해 지도자 지침서에 있는 내용을 복사하십시오. 가능하다면 성경암송카드는 두꺼운 카드 용지를 사용하고, 그렇지 않으면 복사해서 카드 용지에 붙이십시오.

   필수 :

   - 복습문제
   - 성경암송카드
   - 경건일기 기록방법
   - 「하나님을 경험하는 삶」 성경공부 과정평가

   선택

   - 묵상을 위한 성경구절

2. 포스터를 준비하십시오.
   - 성경암송 포스터 – 지침서 12-13쪽에 나오는 "그룹원들이 성구를 암송하도록 도우십시오"를 펴십시오. 도입단원 시간이나 소그룹 모임 때 사용하기 위해 제시된 문장들을 쓰십시오.
   - 일곱 가지 실체 포스터 – 교재 389쪽에 있는 도표를 그리십시오. 여러가지 색을 사용해서 도표에 있는 일곱 가지 실체와 각각의 핵심단어를 쓰십시오. 이 포스터는 과정을 마칠 때까지 사용할 것이므로 잘 보관하십시오.
   - 두 가지 도표 포스터(교재 152, 159쪽)
   - 단원 포스터 – 이 포스터를 준비하는 데 도울 그룹원을 모집하십시오. 매과마다 마지막 부분에 있는 "이 과의 요점"을 잘 읽으십시오. 매과를 공부하면서 당신에게 와닿은 문장이나 성구를 선택하십시오. 그 문장들을 종이에 기록하십시오. 이후에도 사용할 수 있도록 포스터 용지 뒷면에 몇 단원의 몇 과인지를 쓰십시오. 다시 사용할 수 있도록 코팅을 할 수도 있습니다.

3. 과정 전체를 진행하는 동안 사용할 칠판과 분필 혹은 종이와 굵은펜을 구비하십시오. 종이도 여유있게 준비하십시오. 물품들을 당신 사무실에 비치해 두십시오.

**해당 단원과 관련된 찬양을 선곡하십시오.** 사람들은 찬양을 통해 많은 것을 배웁니다. 음악은 공부하는 데 효과적(영적 혹은 감성적)으로 반응하게 하는 유용한 방법입니다. 매 단원마다 학습의 효과를 위해 부를(혹은 녹음된 것을 들을) 찬양을 선곡하십시오.

**그룹이 모이는 장소와 시간을 결정하십시오.** 이 책은 매주 얼마간의 공부시간을 요구하고 있습니다. 그룹들은 교회나 가정 혹은 편리한 장소에서 모일 수 있습니다. 더 많은 사람들이 참여할 수 있도록 다양한 시간과 장소를 제안할 수도 있습니다. 다음의 제안을 고려하십시오.

- **주일 오후, 교회에서.** 그룹들은 저녁예배 전에 모일 수 있습니다.
- **수요일 저녁, 교회에서.** 수요기도회 전후에 모일 수 있습니다.
- **주중의 아침, 점심, 혹은 저녁.** 그룹들은 가장 편리한 시간에 참여자들의 가정이나 교회 혹은 직장에서 모일 수 있습니다. 이 시간을 선택할 경우 편안한 분위기가 장점이 됩니다. 참여자들에게는 주일 저녁예배 시간 전처럼 예배에 참여하기 위해 쫓기듯이 빨리 끝내야 하는 부담이 없습니다.

**그룹원들을 모집하십시오.** 교회 지도자들과 참여가 예상되는 사람들을 도입단원 시간에 초청하십시오. 이 시간에는 참여 여부를 그들이 결정할 수 있도록 충분한 정보를 제공하게 됩니다. 도입단원 시간의 끝부분에 참석자들에게 이 과정에 참여할지를 결정할 수 있는 기회를 주십시오. 사람들이 개인적으로나 그룹으로 공부하는 것을 내켜 하지 않는다면, 그 자리에서 결정하지 말라고 권하십시오. 참여를 원하는 사람들이 많아 그룹의 수를 늘려야 할 경우에는, 참여를 원하는 사람들 가운데서 추가로 인도자를 모집하십시오. 어떤 인도자는 주중에 시간을 달리하여 두 그룹은 충분히 인도할 수도 있습니다.

**그룹원들이 성구를 암송하도록 도우십시오**

몇몇 그룹원들은 성구 암송에 서투를 수 있습니다. 다음에 열거된 제안들이 도움을 줄 수 있을 것입니다. 도입단원 시간이나 소그룹 모임 때 사용하기 위하여 다음 내용들을 포스터에 쓰십시오.

**1. 색인 카드에 성구와 참고사항을 쓰십시오.**

2. **문맥 가운데서 이해하려고 하십시오.** 예를 들어, 요한복음 15 : 5을 암송할 거라면 요한복음 15 : 1-17을 읽고, 성구가 의미하는 바를 이해하려고 애쓰십시오.
3. **소리내어 여러 번 읽으십시오.**
4. **한 번에 한 구절씩 외우는 법을 배우십시오.** 각 성구를 의미있는 작은 구절로 나누십시오. 처음의 구절을 단어별로 암기하는 법을 배우십시오. 그리고 나서 처음 것을 두번째 구절과 연결하십시오. 성구 전체를 암송할 수 있을 때까지 계속하십시오.
5. **다른 사람에게 반복해서 말하십시오.** 그리고 당신이 얼마나 능숙하게 했는지를 물어보십시오.
6. **암송한 성구를 정기적으로 복습하십시오.** 첫 주간에는 카드를 지갑이나 호주머니에 가지고 다니십시오. 매일 짜투리시간마다 꺼내 여러 번 복습하십시오. 예를 들어, 차를 기다리는 시간, 출근시간, 커피 마시는 시간 혹은 점심시간 등의 짜투리시간 말입니다. 적어도 처음 6주 동안은 성구를 매일 복습하십시오. 그 다음 6주 동안은 매주마다 그리고 그 다음은 매달 복습하십시오.

### 그룹 가운데 역사하시는 하나님께 응답하는 방법

주님으로부터 당신이 배워야 할 교훈 가운데 하나는 그룹 가운데 역사하시는 하나님께 응답하는 방법입니다. 당신은 그분을 의지할 수 있습니다. 그분은 당신보다 더 많이 당신의 그룹을 돌보십니다. 그분이 그룹 가운데서 자신을 나타내고자 하실 경우, 그분은 당신으로 하여금 적절하게 응답하게 하실 수 있습니다. 그러나 내가 배운 바로는 당신이 영적인 지도자로서 역할을 수행하는 것에 우선순위를 두어야 한다는 것입니다. 당신은 당신의 계획과 일정을 하나님께 맡겨야 합니다. 그분께서 당신의 그룹을 방해하고 일정을 취소하실 경우 하나님이 원하시는 것이 무엇인지 주목하십시오.

헨리 블랙가비와 함께 나는 글로리에타 침례교 수양관에서 150명을 대상으로 수련회를 인도했습니다. 소그룹들이 나눔과 기도시간을 마치고 헨리 블랙가비에게 순서를 넘기려던 순간이었습니다. 한 여인이 일어나서 자신의 그룹에 속한 한 여자를 위해 기도해야 할 필요가 있다고 설명했습니다. 그 여인은 어려서 학대당한 경험이 있고, 그 당시 그녀의 아버지가 암으로 죽어가고 있었습니다.

헨리와 나는 그와 같은 사람들을 극적인 감정과 영으로 고치는 것을 많이 보아왔습니다. 나는 하나님께서 우리 그룹에서 단순히 기도제목을 나누는 것보다 더 많은 것을 하시기 원하신다는 것을 깨달았습니다. 이 때 나는 간단하게 기도하고 헨리에게 순서를 넘기거나, 하나님께 시간을 드리거나 둘 중에 하나를 선택해야만 했습니다. 이에 헨리와 나는 하나님께서 우리의 일정을 바꾸기 원하신다면 그분이 자유롭게 역사하시도록 해야 한다는 사실에 동의했습니다. 이것이 바로 우리가 경험했던 일입니다.

우리는 하나님께서 이 그룹에게 그녀의 필요를 채울 것을 위임하셨음을 알았기 때문에 그룹 가운데 그분이 함께하실 것을 확신했습니다. 그녀의 아픔을 공유할 수 있는 사람들에게 그녀 곁에서 함께 기도할 것을 요청했습니다. 8-10명의 여자들이 그녀를 치유하고자 나왔습니다. 그리고 나서 나는 하나님만이 치유하실 수 있는 상처를 가진 사람들에게 앞으로 나와 함께 기도하자고 했습니다. 하나님께 이끌린 사람들이 자신들을 치유하기 위해 나왔습니다.

우리는 그녀에게 하나님께서 행하신 것을 그룹에서 나눌 기회를 주었습니다. 하나님께서는 종종 간증을 사용하셔서 비슷한 문제를 가진 사람들을 자유롭게 하시며 그분께로 향하는 초청의 자리를 만들곤 하십니다. 이후의 시간에 우리는 아픔을 가진 또 다른 사람을 하나님이 치유하시는 것을 보게 되었습니다. 수십 년을 영적으로 살아온 사람들은 이미 그리스도 안에서 자유를 발견했습니다. 다른 사람들은 하나님만이 주실 수 있는 평안, 치유 그리고 평화를 경험했습니다. 이런 일을 통해 어떤 사람들은 하늘에 계신 아버지 하나님을 처음으로 경험했습니다. 하나님에 의해 다른 사람들을 돌보게 되는 사람들은 그들이 경험하지 못했던 극적인 방법으로 하나님께서 그들을 통해 역사하신다는 것을 경험했습니다. 우리는 그 경험을 통해 강의에서보다 더 많은 것을 배웠습니다.

여기에 당신의 그룹 가운데 역사하시는 하나님께 응답하는 방법 몇 가지를 제안합니다.

- 당신의 그룹 안에서 하나님이 일하기 원하실 때 그분을 온전히 신뢰하십시오.
- 먼저 당신의 일정을 취소할지를 결정하고, 하나님께서 특별한 사역을 하기 원하심을 보여주실 때에는 언제든지 하실 수 있도록 자유를 허락하십시오. 이 과정을 공부해 감에 따라 하나님만이 하실 수 있는 것들이 있다는 것을 배우게 됩니다. 당신이 하나님께서 그룹 안에서 역사하시는 것을 본다면, 그것이 바로 사역에 동참하라는 그분의 초청인 것입니다.
- 기쁨의 눈물 혹은 확신, 감정적이거나 영적인 깨어짐, 새로 얻은 통찰에 의한 전율, 응답받은 기도에 반응을 보이는 것에 주목하십시오. 이러한 것들은 때때로 얼굴에 나타납니다. 그룹에 있는 사람들에게 말할 필요가 있는지 아니면 개인적으로 처리해야 할지를 고려하십시오. 성령님의 인도하심에 의지해야만 합니다.
- 다음과 같이 날카로운 질문을 던지십시오. 지금 우리와 함께 나눌 만큼 커다란 일이 벌어졌

습니까? 당신을 위해 어떻게 기도할까요? 당신 삶 속에서 일하고 계신 하나님을 우리와 함께 나누시겠습니까? 어떻게 당신을 도와드리면 좋겠습니까?

- 사람들이 나누는 것에 응한다면 필요에 따라 나누도록 하십시오. 응답할 준비가 되어 있지 않아 보이면, 재촉하지 마십시오. 하나님께서 그의 삶 가운데 역사하시도록 시간을 주십시오.
- 그룹원들이 신앙 경험을 서로 나누도록 초청하십시오. 그렇게 서로 신앙 경험을 나눔으로써 그룹원들은 함께 기도할 수 있고, 평안을 얻을 수 있고, 문제를 인식하고 개인적으로 상담을 할 수도 있을 것입니다. 그룹원들이 여러 문제들을 다룰 만한 준비가 되어 있지 않다고 생각한다면 그룹원들 가운데 어떤 한 사람이 나서서 그 문제에 관한 해결책과 도움을 제시할 수 있을 것입니다. 하나님께서 그 사역에 꼭 맞는 사람을 허락하심을 통해 놀랄 것입니다.
- 사람들에게 하나님께서 하시는 일을 간증할 기회를 주십시오. 이것은 매우 중요합니다. 종종 한 사람의 간증은 유사한 문제나 도전에 직면한 사람들을 돕는 데 사용되곤 합니다. 이것은 또한 다른 사람들의 삶 속에 나타난 하나님의 놀라운 역사를 경험할 수 있는 좋은 방법 가운데 하나이기도 합니다. 하나님의 백성들에게서 그분의 영광을 가리지 마십시오.
- 다음에 진행될 일의 정확한 방향을 모를 경우에는 그룹원들에게 질문하십시오. 나는 가끔 "다음에 해야 할 것이 무엇인지 제가 명확하게 모릅니다. 하나님께서 우리가 무엇을 하기를 원하시는지 아는 분이 계십니까?" 하고 말하곤 합니다. 나는 내가 이렇게 물을 때, 모두가 동의하는 바른 방향을 즉시 제시하는 사람을 항상 보았습니다.

모든 분들이 이렇게 해야 할 필요가 있다고 말할 수는 없습니다. 내가 모든 경우에 적합한 방향을 제시할 수는 없습니다. 그러나 경험을 통해 이렇게 말할 수는 있습니다. 하나님께서 그룹 가운데 역사하기를 원하신다면, 그분께서는 그 상황에 적합한 인도를 하실 것입니다. 당신은 그분의 음성을 깨닫는 법을 배우고 그분이 원하신다고 느끼는 모든 것을 행해야 합니다. 동시에 그분의 몸인 교회를 통해 역사하시는 하나님을 신뢰하십시오. 그분께서는 당신의 그룹 안에 그룹원들을 주시고 그리스도의 몸을 만들도록 하셨습니다. 하나님께서 당신의 그룹에 부여하신 모든 자원을 이용하십시오.

# 도입단원 하나님을 경험하는 삶 소개

**단원목표**

이 단원은 참석할 가능성이 있는 그룹원들에게 :
- 하나님과 더 깊은 관계를 갖는 방법을 이해하게 하고
- 교과 과정에서 요구되는 과제를 이해하고
- 이 공부를 마치는 데 필요한 과제와 그룹공부의 진행방법을 제시합니다.

## 모임 전에

□1. 곧 시작할 공부를 위해 기도시간을 가지면서 영적으로 준비하십시오. 하나님께서 원하시는 사람들이 참석할 수 있게 해 달라고 간구하십시오.

□2. "모임중에"를 읽으십시오. 그룹원들이 내용을 전체적으로 이해할 수 있는 가상 좋은 방법으로 활동을 꾸미고 함께 참여할 수 있도록 과제를 주십시오.

□3. 각 활동마다 소요되는 시간을 정해서 그 시작 시간을 책의 여백에 써놓으십시오.

□4. 다음의 자료들을 준비하되 모임에 필요하다고 생각되어 당신이 개발한 다른 자료들이 있다면 포함시켜도 좋습니다.

- 연습문제 1, 2(86쪽) 한 사람당 한 장씩
- 일곱 가지 실체 포스터
- 교재 103-104쪽에 제시된 하나님의 이름 중 10개를 적은 포스터(경험으로 알게 된 하나님의 이름을 적어도 하나 이상 선택하십시오.)
- 성경암송 포스터
- 참가신청서 여러 장

□5. 단원 포스터를 준비했다면 관심을 끌도록 시선이 잘 가는 벽에 12개 단원 포스터 가운데 하나를 전시하십시오.

□6. 선택사항: 그룹 성경공부 때 부를 찬송가나 복음성가를 선곡하십시오. 그리고 그 곡이 녹음된 테이프와 녹음기를 준비하십시오.

□7. "모임중에" 있는 교수활동을 읽고, 그 내용들을 확인하십시오.

□8. "하나님을 경험하는 삶 소그룹 인도법"을 읽고 나서 준비하십시오.

## 모임중에

### 준비활동

1. **참석할 가능성이 있는 그룹원들**이 도착하면 환영의 인사를 나눕니다. 연습문제 1(86쪽)을 나눠주고, 다른 사람들이 도착할 동안 답을 적도록 하십시오.

2. **시작기도.** (소그룹) 하나님께서 참석한 모든 사람들에게 자신의 뜻을 보이시고, 참석한 사람들이 「하나님을 경험하는 삶」 과정에 참석할 것인지의 여부를 결정할 수 있도록 기도하십시오.

### 개관

1. **연습문제 1 복습.** (소그룹) "연습문제 1 : 예수님의 예"(86쪽)에 적은 답을 간략하게 살펴보십시오.

2. **일곱 가지 실체.** (소그룹) 연습문제 2(86쪽) 를 나눠주십시오. 그룹원들에게 일곱 문장을 모두 읽고 중요 단어나 구절에 동그라미 표시를 하라고 하십시오. 부연 설명으로 교재 34-44쪽에 있는 성경구절이나 설명 그리고 일곱 가지 실체 포스터를 사용하려면 모세의 경험이 사람을 통해 역사하시는 하나님의 사역의 한 예가 됨을 간략하게 설명하십시오.

3. **하나님을 경험하는 삶.** (소그룹) 하나님의 이름이 몇 가지 적힌 포스터를 전시하십시오. 경험으로 하나님을 알게 되는 방법을 설명하십시오(교재 100쪽). 창세기 22 : 1-18을 읽고, 개인적으로 하나님을 알게 되는 방법에 대한 본보기로 아브라함의 경험을 서술하십시오(교재 101쪽). 하나의 예로 당신 자신의 경험을 들려주십시오. 그리고 나서 자원자 한 둘을 청하여 자신이 경험으로 알게 된 하나님을 간략하게 설명하도록 하십시오.

### 이 과정의 과제

1. **이 과정의 요소들.** (소그룹) 개인공부와 소그룹 모임에 참석해야 함을 설명하기 위해 교재 16-17쪽 "평신도 훈련 과정"과 "이 책으로 공부할 때 유의할 점"을 참조하십시오. 참석자들에게 매일 30분 내지 1시간은 자율적으로 공부할 것을 강조하십시오.

2. **서약.** (소그룹) "하나님을 경험하는 삶 그룹원 서약서"(교재 390쪽)를 읽고, 이 과정에 참석하기로 결정한 사람에게는 서명하라고 하십시오.

3. **시간과 장소.** (소그룹) "하나님을 경험하는 삶" 모임시간을 광고하십시오.

4. **질문과 대답.** (소그룹) 그룹원들의 어떤 질문에도 대답해 주십시오.

### 결단의 시간

1. **기도.** (소그룹) 참석자들에게 하나님께서 이 과정에서 원하시는 것이 무엇인지에 대해 조용히 기도하라고 하십시오. 하나님께서 분명하게 인도해 주실 것을 간구하는 기도로 마치십시오.

2. **참가 결정 시간.** 당신이 준비한 참가신청서를 돌리십시오. 용지에 각자 이름을 기록하고 다음 중에 하나를 명기하도록 하십시오.
   (1) 이 과정에 등록하겠습니다.
   (2) 다음 기회에 통보해 주십시오.
   (3) 다른 시간 개설을 고려해 주십시오.
   (4) 이 시간에 참석할 수 없습니다.

### 찬양시간

**특별찬양 순서.** (소그룹) 사람들이 신청서에 서명하는 동안 이 과정의 주제와 관련된 몇몇 친숙

한 찬송가나 복음성가를 부르거나, 아니면 그 곡이 녹음되어 있는 테이프를 틀어주십시오.

### 다음 주를 위한 준비

1. **자료를 나눠주십시오.** (소그룹) 수강료를 받으면서 다음의 것들을 각 사람에게 나눠주십시오.
   - 「하나님을 경험하는 삶: 하나님의 뜻을 알고 행하는 길」
   - 경건일기
   - 성경암송카드와 묵상을 위한 성경구절

2. **개인공부 과제를 설명하십시오.** 1단원을 예로 들어 설명하고, 그룹원들로 하여금 이 과정을 공부할 때 다음의 제안들을 받아들이도록 하십시오.
   - 교재 13쪽의 "이 단원의 암송구절"을 지적하십시오. 성경암송을 위해 준비한 성경암송 포스터를 사용하십시오. 이미 나눠준 성경암송카드를 그룹원들이 각 단원으로 잘라 규칙적으로 복습하기 위해 지갑이나 호주머니에 넣고 다닐 것을 제안하십시오.
   - 그룹원들에게 항상 공부하기 전에 교재 14-17쪽의 "서론"을 읽을 것을 제안하십시오.
   - 한 단원이 어떻게 다섯 과로 나누어졌는지 설명하고, 그룹원들에게 하루에 한 과만 공부하도록 독려하십시오. 그래야만 매일의 삶에 기초한 하나님과의 친밀한 관계를 증진시키게 됩니다.
   - 본문내용과 화살표나 다른 서체로 된 학습활동간의 상호연관성을 설명하십시오. 교재 19쪽을 펴 사지선다형 질문을 예로 들어 답하도록 하십시오.
   - 이 과정의 1-2단원에서는 하나님께서 사람들의 삶 속에서 역사하시는 모습을 폭넓게 살펴볼 것입니다. 3-10단원에서는 "하나님을 경험하는 삶의 일곱 가지 실체"를 아주 세밀하게 살펴볼 것입니다. 반복하는 것은 그룹원들에게 성경의 진리를 암송하도록 돕는 하나의 방법입니다.
   - 그룹원들에게 교재 20-21쪽을 펴서 "매일하는 복습"을 보도록 하십시오. 이 활동은 하나님께서 그들에게 원하시는 것을 말씀하실 때 경청하도록 하기 위한 것입니다. 또한 경건일기에 계속 메모하도록 하십시오.

3. **경건일기에 대해 설명하십시오.** "경건일기 기록방법"(82쪽)을 한 장씩 나눠주십시오. 그들의 일기에 기록해야 할 여러가지 내용을 지적하고, 노트를 여러 분야로 나누도록 하십시오. 매주 성경공부 시간마다 경건일기, 성경책 그리고 교재를 가져오게 하십시오.

### 서약

1. **그룹원 서약서를 준비하십시오.** (소그룹) 그룹원들에게 교재 390쪽을 펴게 하십시오. 내용을 읽으십시오. 그룹원들에게 더 첨가하거나 삭제할 문구는 없는지 논의할 기회를 주십시오. 있다면 변경사항을 기록하도록 하십시오. 서명란에 각자 서명하도록 하십시오.

2. **서약을 지킬 수 있도록 기도하십시오.** (소그룹) 앞으로 하나님과 그룹원들 서로가 더 깊은 교제를 가질 수 있도록 손을 잡고 하나님께 기도하십시오. 각 사람이 돌아가며 한 마디씩 하나님

의 능력과 인도하심을 간구하는 기도를 하게 하십시오.

**마침순서**

이 그룹과 함께 공부하게 된 당신의 느낌을 이야기하십시오. 그리고 과정이 진행되는 동안 하나님과 서로에게 헌신하는 기도를 그룹원 가운데 한 사람이 인도하도록 요청하십시오.

## 모임 후에

1. 그룹원들의 이름과 기도제목을 당신의 경건일기에 기록하십시오. 특별히 어떤 사람을 위해 집중적으로 기도해야 할 필요를 느낀다면 그 사람의 기도제목도 기록하십시오.

2. 다음 질문에 대해 간략하게 답을 적되 다른 종이를 사용할 수도 있습니다.
   - 이번 주 모임에서 부족했던 것은 무엇이며, 다음 모임을 위해 어떠한 영적, 정신적 준비가 필요한가?
   - 정해진 시간에 시작하고 끝마칠 수 있었는가?

3. 다음 모임시간과 차후 사용하게 될 경우를 대비해서 모든 포스터를 잘 간수하십시오.

4. 당신의 그룹원이 열 명이 넘는다면 추가로 인도자를 모집해서 다음 모임 이전에 그룹을 나누십시오.

5. 부가자료들을 준비하십시오. 교재가 부족하면 기독교서점이나 기독교한국침례회 교회진흥원으로 연락하십시오.

# 제1단원 하나님의 뜻과 당신의 삶

**단원목표**

이 단원은 그룹원들에게 :

- "하나님을 경험하는 삶의 일곱 가지 실체"를 생각해 내도록 도와주고
- 예수님이 바로 하나님의 뜻을 행한 좋은 표본이었음을 깨닫게 하며
- 그룹원들을 위해 기도하는 방법을 알게 해주고
- 그들의 삶 속에서 함께하시는 하나님의 활동이 무엇인지 알아내고 표현할 수 있도록 도와줍니다.

## 모임 전에

☐ 1. 교재에 있는 학습문제들에 빠짐없이 답해 놓습니다.

☐ 2. 모임을 준비하면서 하나님의 인도하심을 구하는 기도를 드리되, 그룹원들을 한 사람 한 사람 떠올리면서 구체적으로 기도하십시오. 이 과정 전체를 통하여 그룹원들이 기꺼이 자신을 변화시키고자 하는 준비가 되도록 도우셔서, 하나님 나라 사업을 위해 유익하게 사용될 수 있는 그릇으로 만들어 주시기를 기도하십시오.

☐ 3. "모임중에"를 읽고서 당신이 인도하는 그룹에 가장 적합한 활동들을 선택하십시오. 또 모임에 사용함으로 큰 효과를 가져올 수 있다고 생각되는 다른 활동들을 개발하여 적용해도 됩니다.

☐ 4. 각 활동마다 소요되는 시간을 정해서 그 시작 시간을 책의 여백에 써놓으십시오. 이것은 당신이 매 순서를 정확한 시간에 시작하고 끝맺도록 도와줄 것입니다. 성령님께서 모임중에 당신이나 그룹원들을 통해 다른 방향으로 진행할 것을 지시하실 때는 언제든지 계획을 바꿀 마음의 준비를 하십시오.

☐ 5. 의자를 원형으로 배치시켜 정돈하십시오.

☐ 6. 일곱 개의 성경구절 카드를 준비합니다. 요한복음 7:16; 8:28-29; 10:37-38; 12:49-50; 14:10; 17:8; 사도행전 2:22

☐ 7. 다음의 자료들을 준비하되 모임에 필요하다고 생각되어 당신이 개발한 다른 자료들이 있다면 포함시켜도 좋습니다.

- 1단원 복습문제와 "사귐"에 관한 질문지-그룹원 수만큼
- 지난 주 도입단원 시간에 사용한 성경암송 포스터
- 일곱 가지 실체 포스터

☐ 8. 1단원 포스터를 잘 보이는 곳에 걸어 놓습니다.

☐ 9. 선택사항: 그룹 성경공부 때 부를 찬송가나 복음성가를 선곡하십시오. 그리고 그

곡이 녹음된 테이프와 녹음기를 준비하십시오.

☐ 10. 2단원에 대한 짧은 소개를 준비하십시오.

## 모임중에

### 준비활동

1. **그룹원들이 도착하면 환영의 인사를 나눕니다.** 이 모임의 첫번째 순서로 서로에 대해 알아보는 시간을 가지십시오. "사귐"이 적힌 종이를 그룹원들에게 나누어줍니다. 다른 사람들이 도착할 동안 이 문구에 들어갈 말들을 다른 종이에 적게 하십시오.
   a. 나의 이름은…입니다.
   b. 나의 주소는…입니다.
   c. 나의 집과 직장의 전화번호는…입니다.
   d. 나의 고향에서 가장 좋았던 것은…입니다.
   e. 내가 예수님을 나의 구주와 주님으로 영접한 때는…입니다.
   f. 나에 대해 사람들이 모르는 사실 중 아주 재미있는 것이 있는데 그것은 …입니다.
   g. 내가 「하나님을 경험하는 삶 : 하나님의 뜻을 알고 행하는 길」 과정을 선택한 이유는…입니다.

2. **준비.** 어느 정도 끝났으면 당신이 준비한 일곱 개의 성경구절 카드를 그룹원들에게 하나씩 나누어 주십시오. 단원복습 시간의 세번째 순서를 위해서 각자 성경본문을 찾아 표시해 놓도록 하십시오.

3. **사귐.** (네 명) a와 d, e에 대한 각자의 이야기를 나누도록 합니다. (소그룹—열 명 가량으로 구성된 전체 그룹을 말함) a와 f, g에 대한 대답을 나눕니다. 그룹원들의 이름과 주소, 전화번호를 알 수 있도록 이 종이들을 모두 회수하십시오.

4. **시작기도.** (소그룹) 서로에 관해 이야기를 나눈 후에 이곳에 함께 모일 수 있게 해주신 하나님께 감사의 기도를 드리십시오.

### 단원복습

1. **복습문제.** (소그룹) 1단원 복습문제를 나누어 주고 문제에 답하도록 하십시오. 그리고 나서 답을 점검해 보십시오. 이러한 간단한 복습문제를 매주 받게 될 것임을 주지시키십시오. 이 순서는 그룹원들이 예습해 온 내용을 복습하는 데 의의가 있으며, 직접 그 답을 점검하도록 하십시오.

2. **일곱 가지 실체.** (소그룹) "하나님을 경험하는 삶의 일곱 가지 실체" 포스터를 걸어놓으십시오. 첫번째 실체의 핵심단어를 말해 주고, 그룹원들 중 한 명에게 자신의 말로 설명하게 합니다. 나머지 여섯 가지 실체들도 마찬가지의 방법으로 발표시키십시오.

3. **예수님의 예.** (소그룹) 그룹원 중 한 명에게 하나님 아버지의 뜻을 따르는 본보기인 예수님에 관한 요약 부분을 읽게 합니다(교재 26쪽). 일곱 개의 성경구절 중 자기가 맡은 구절을 돌아가며 읽게 합니다. 한 사람이 읽는 동안 다른 그룹원들에게는 이 구절들을 성경책에 표시해 놓든지 아니면 교재 26쪽에 참고로 표시해 두도록 하십시오. 그리고는 다음의 질문들을 주고 토론하게 하십시오.

a. 예수님의 삶을 주도한 것은 무엇이었습니까? 예수님은 자신의 뜻대로 삶을 살았습니까, 아니면 하나님 아버지의 뜻대로 살았습니까?

b. 예수님께서는 이야기하실 때 자신의 말씀을 하셨습니까, 아니면 하나님 아버지의 말씀을 대신 하셨습니까?

4. **질문과 대답.** (소그룹) 자원자에게 다음의 질문에 답하게 하십시오.

a. 하나님께 쓰임을 받기 위해서 종이 해야 할 일 두 가지는 무엇입니까?(교재 29쪽)

b. 당신은 왜 하나님께서 평범한 사람을 쓰는 것을 좋아하신다고 생각하십니까?(교재 43쪽, 고전 1 : 26-31)

## 나눔의 시간

1. **성경암송.** (짝) 요한복음 15:5을 암송하게 하십시오. 암송을 어려워하는 사람들이 있으면 격려해 주고, 지침서 12-13쪽의 "그룹원들이 성구를 암송하도록 도우십시오"를 다시 한 번 읽으십시오. 이 단원의 암송구절을 통해 지난 한 주간 하나님이 각자에게 어떻게 말씀하셨는지 나누게 합니다.

2. **가장 의미있는 것.** (네 명) 이 단원을 공부하면서 "가장 의미있었던" 구절이나 성구를 복습하고(교재 21, 25, 32, 38, 44쪽), 그룹원들에게

a. 가장 의미있는 성경구절을 읽고,

b. 그것이 왜 의미있는지를 말하도록 하십시오.

c. 하나님께 어떻게 응답기도를 드렸는지 나누게 하십시오.

3. **주님의 역사하심 나누기.** (소그룹) 간증시간을 할애해서 다음과 같이 말합니다. 지난 한 주 동안 삶 속에서 하나님이 역사하신 특별한 사건이 있으면 서로 나누고 함께 주님을 찬양합시다.

4. **하나님께 집중하기.** (소그룹) 이렇게 질문하십시오.

• 하나님과 하나님의 목적과 길에 대해 이번 주에 당신이 알게 된 것은 무엇입니까?

• 하나님에 대해서 그만큼 알게 되었다면 그분은 당신이 어떻게 응답하기를 원하실까요?

## 기도시간

1. **기도제목 나누고 기도하기.** (네 명) 그룹원들은 자신을 위해서 무엇을 기도해 주기를 원하는지 한 사람씩 이야기합니다. 그룹원들이 함께 그 한 사람을 위해 기도해 줍니다. 그리고 나서 두번째 사람을 위해 기도하고, 이렇게 그룹원 모두를 위하여 차례로 기도하는 시간을 가지십시오. 그룹원들이 큰소리로 기도하는 것을 원하지 않으면 그렇게 하지 않아도 됩니다. 시간이 지나면 이 소그룹 기도회를 편안하게 느끼게 될 것입니다.

2. **기도제목 기록.** (소그룹) 모두 기도를 마치면 이렇게 제안하십시오. 경건일기를 꺼내어 기도란을 펴서 기도제목들을 적고, 하나님께서 당신의 그룹원들을 위해 무엇을 기도하게 하셨는지 기록하십시오. 이번 한 주 동안 기도할 때 이들을 기억하십시오.

## 찬양시간

**특별찬양 순서.** (소그룹) 섬김의 도나 "예수님의 예"에 관한 찬양을 부르거나 테이프를 듣습니다.

마침순서

1. (소그룹) **이 모임을 가지면서 마음에 떠올랐던 질문이나 관심사들을 돌이켜봅니다.** 다음 한 주 동안 이러한 관심사와 질문에 대한 해답을 얻기 위해 기도하도록 당부하십시오.

2. **2단원 예습.** (소그룹) 자기 중심의 삶과 하나님 중심의 삶의 차이점을 눈여겨 살펴보게 하십시오.

3. **기도.** (소그룹) 서서 손을 잡고 이 성경공부 과정에 끝까지 참여하겠다고 하나님께 서약하는 기도를 한 사람씩 돌아가며 합니다. 소리를 내어 공중기도를 하고 싶지 않은 사람은 자기 차례가 되었을 때 옆사람의 손을 살짝 눌러 표시하면 된다고 설명하십시오.

## 모임 후에

1. 당신의 경건일기에 그룹원들을 위해 구체적으로 어떻게 기도할 것인지 기록해 두십시오. 어떤 한 사람을 위해 특별히 기도할 필요가 있다고 생각하십니까? 그렇다면 그를 위해 무엇을 기도할 것인지 적어놓으십시오.

2. 인도자는 다음 질문에 간단히 답하든지 아니면 다른 종이에 적으십시오.

   - 다음 모임을 위해 준비해야 할 자료들은 무엇인가? 모든 그룹원들이 교재와 경건일기를 갖고 있는가?
   - 이번 주 모임에서 부족했던 것은 무엇이며, 다음 모임을 위해 어떠한 영적, 정신적 준비가 필요한가?
   - 나눔과 토론시간에 더욱 활발히 참여시켜야 할 그룹원은 누구이며, 언제 어떤 방법으로 그를 격려할 것인가?
   - 그룹원들의 필요와 성령님의 인도에 더욱 적절하게 반응했어야 했던 때는 언제였는가?
   - 정해진 시간에 시작하고 끝마칠 수 있었는가?
   - 이번 주에 전화로 격려와 기도, 지도, 상담해 주어야 할 그룹원은 누구이며, 언제 그에게 할 것인가?

3. 다음 모임을 위해 2단원의 "모임 전에"를 읽으십시오.

# 제2단원 하나님을 바라보라

**단원목표**

이 단원은 그룹원들에게 :

- "하나님을 경험하는 삶의 일곱 가지 실체"를 자신의 말로 이야기하도록 하고
- 자기 중심적인 삶과 하나님 중심의 삶의 차이를 정의내리고, 그 각각의 예들을 성경 속에서 찾아내도록 하며
- 그리스도 주 되심에 자신의 의지를 복종시키도록 도와줍니다.

## 모임 전에

☐ 1. 교재에 있는 학습문제들에 빠짐없이 답해 놓습니다.

☐ 2. 성경공부를 준비하면서 하나님의 인도하심을 구하는 기도를 드리되, 그룹원들을 한 사람 한 사람 떠올리면서 구체적으로 기도하십시오.

☐ 3. "모임중에"를 읽고서 당신이 인도하는 그룹에 가장 적합한 활동들을 선택하십시오. 또 모임에 사용함으로 큰 효과를 가져올 수 있다고 생각되는 다른 활동들을 개발하여 적용시켜도 됩니다.

☐ 4. 각 활동마다 소요되는 시간을 정해서 그 시작 시간을 책의 여백에 써놓으십시오. 성령님께서 모임중에 당신이나 그룹원들을 통해 다른 방향으로 진행할 것을 지시하실 때는 언제든지 계획을 바꿀 마음의 준비를 하십시오.

☐ 5. 다음의 자료들을 준비하되 모임에 필요하다고 생각되어 당신이 개발한 다른 자료들이 있다면 포함시켜도 좋습니다.

- 2단원 복습문제와 나눔의 시간 주제가 적힌 종이를 그룹원 수대로 준비합니다.
- 일곱 가지 실체 포스터.

☐ 6. 그룹원들이 교재와 경건일기를 다 가지고 있는지 확인하십시오. 둘 중에 하나라도 없는 그룹원이 있으면, 다음 주 모임 이전에 모두 다 갖출 수 있도록 하십시오. 새로 들어온 그룹원이 있으면, 이 두 가지 자료들을 챙겨 주고, 그룹 성경공부 모임이 시작되기 전까지 교재에 나오는 학습문제들에 모두 답해 두어야 한다는 사실을 상기시키십시오. 다음 주부터는 어떠한 사람도 새로운 그룹원으로 들어올 수 없습니다.

☐ 7. 1단원 포스터를 떼어서 보관하고 2단원 포스터를 걸어놓습니다.

☐ 8. 선택사항: 그룹 성경공부 때 부를 찬송가나 복음성가를 선곡하십시오. 그리고 그

곡이 녹음된 테이프와 녹음기를 준비하십시오.

☐ 9. 3단원에 대한 짧은 소개를 준비하십시오.

## 모임중에

### 준비활동

1. **그룹원들이 도착하면 환영의 인사를 나눕니다.** 다른 사람들이 도착할 동안 미리 와 있는 그룹원들에게는 2단원 복습문제와 "나눔의 시간"에 토의할 학습문항들에 답해 놓도록 합니다.

2. **시작기도.** (소그룹) 자원하는 사람이 기도를 함으로써 모임을 시작하십시오. 모든 그룹원들이 하나님 중심의 삶을 살도록 그분께서 인도해 주시기를 다 함께 묵상기도를 드리십시오.

### 단원복습

1. **복습문제.** (소그룹) 문제지의 질문에 대한 대답을 검토하고 필요하면 토의하십시오. 각 단원 내용을 복습하기 위해 매번 이와 같은 복습문제들에 대답해야 된다고 그룹원들에게 일러두십시오. 그룹모임이 시작되기 전까지 그룹원들이 모두 학습문항에 답을 해오도록 해서 그들이 토론과 나눔의 시간에 적극적으로 참여하게끔 격려해 주십시오.

2. **일곱 가지 실체.** (소그룹) 포스터를 이용해서 "하나님을 경험하는 삶의 일곱 가지 실체"들을 복습하십시오. 그룹원들이 힌트 없이 그들 자신의 말로 일곱 가지 실체들을 설명할 수 있는지 관찰하십시오. 설명하는 데 어려움이 있으면 한두 가지의 핵심단어를 귀띔해 줍니다.

3. **질문과 대답.** (소그룹) 자원자에게 다음의 질문에 답하게 하십시오.
   a. 자기 중심적인 삶과 하나님 중심의 삶은 어떻게 다릅니까?(교재 46쪽)
   b. 아사 왕은 어떻게 삶의 양측면의 본보기가 됩니까?(교재 47쪽)
   c. 조지 뮬러는 어떻게 자신의 삶에서 하나님의 지시를 찾았습니까?(교재 57-60쪽)
   d. 하나님께서는 구약에서 어떤 방법으로 말씀하셨으며, 예수님의 삶 속에서 어떻게 말씀하셨습니까?(교재 62-64쪽)
   e. 오늘날 우리의 삶 속에서 하나님은 어떻게 말씀하십니까?(교재 65쪽)
   f. 하나님의 음성을 아는 열쇠는 무엇입니까?(교재 65쪽)

4. **포스터 토론.** (소그룹) 그룹원들에게 단원 포스터에 쓰여 있는 구절을 주의해서 읽게 한 후, 그 구절들이 각자에게 어떤 의미로 해석되는지 이야기하게 합니다. 하나님과 올바른 관계를 맺기 위해서 그들의 삶이 어떻게 바뀌어야 할 것인지에 대해 문제를 제기하십시오.

### 나눔의 시간

1. **성경암송.** (짝) 짝을 지어 시편 20 : 7을 암송한 뒤, 이 구절을 통해 지난 한 주간 하나님이 각자에게 어떻게 말씀하셨는지 나누게 합니다.

2. **생각나누기.** (네 명) 책을 펴고서 다음의 항목들에 각자 어떻게 답했는지 이야기를 나누십

시오.

- 교재 53쪽에 있는 하나님의 심판에 관한 질문들.
- 교재 70-71쪽에 있는 하나님의 주인 되심과 임무에 따라 성품을 키워주시는 것에 관한 네 가지 질문.
- 이 단원을 통해 가장 의미있었던 구절이나 성구, 그리고 하나님께 대한 당신의 응답기도는 어떤 것입니까? 교재 49, 54, 60, 66, 71-72쪽 중에서 찾으십시오.

3. **하나님께 집중하기.** (짝) 이렇게 질문하십시오.
   - 하나님과 하나님의 목적과 길에 대해 이번 주에 당신이 알게 된 것은 무엇입니까?
   - 하나님에 대해서 그만큼 알게 되었다면 그분은 당신이 어떻게 응답하기를 원하실까요?

4. **주님의 역사하심 나누기.** (소그룹) 간증시간을 할애해서 다음과 같이 말합니다. 지난 한 주 동안 삶 속에서 하나님이 역사하신 특별한 사건이 있으면 서로 나누고 함께 주님을 찬양합시다.

### 기도시간

1. **기도제목 기록.** (소그룹)경건일기의 기도란을 펴고 기도제목을 나눌 때에 기록할 준비를 하도록 합니다.

2. **기도제목 나누고 기도하기.** (소그룹)모든 그룹원들이 각각 한 가지씩 기도제목을 내놓습니다. 개인적인 문제나 가족, 교회, 직장, 친구 혹은 친척들에 관한 문제일 수도 있습니다. 그룹원들이 다 기도제목들을 나누었으면, 그들을 위하여 대화식 기도시간을 가지십시오.

### 찬양시간

**특별찬양 순서.** (소그룹) 하나님의 방법이나 그분의 주도권에 응답하는 내용에 관한 찬양을 부르거나 테이프를 듣습니다.

### 마침순서

1. (소그룹) 이 모임을 가지면서 마음에 떠올랐던 질문이나 관심사를 돌이켜보고 다음 한 주 동안 이러한 관심사와 질문에 대한 해답을 얻기 위해 기도하도록 당부하십시오.

2. **3단원 예습.** (소그룹) 제3과 "하나님과 동행함"을 주의해서 읽으십시오.

3. **기도.** (소그룹) 모두 원을 만들고 서서 손을 잡습니다. 하나님 나라의 사업을 위하여 모든 그룹원들이 오로지 하나님의 지시하심만을 기다릴 것을 서약하는 기도를 대표로 한 사람이 하도록 합니다.

## 모임 후에

1. (소그룹)당신의 경건일기에 그룹원들을 위해 구체적으로 어떻게 기도할 것인지 기록해 두십시오. 어떤 한 사람을 위해 특별히 기도할 필요가 있다고 생각하십니까? 그렇다면 그를 위해 무엇을 기도할 것인지 적어놓으십시오. 또한 당신 교회의 어떤 관심사가 있다면 경건일기에 써놓으십시오. 다음 한 주 동안 이 관심사를 놓고 기도하십시오.

2. (소그룹)인도자는 다음 질문에 간단히 답하든지 아니면 다른 종이에 적으십시오.

- 그룹원들을 위해 준비해야 할 자료들은 무엇인가?

- 이번 주 모임에서 부족했던 것은 무엇이며, 다음 모임을 위해 어떠한 영적, 정신적 준비가 필요한가?

- 나눔과 토론시간에 더욱 활발히 참여시켜야 할 그룹원은 누구이며, 언제 어떤 방법으로 그를 격려할 것인가?

- 그룹원들의 필요와 성령님의 인도에 더욱 적절히 반응했어야 했던 때는 언제였는가?

- 정해진 시간에 시작하고 끝마칠 수 있었는가?

- 이번 주에 전화나 편지로 격려해 주어야 할 그룹원은 누구이며, 언제 할 것인가?

3. 당신의 지도력에 대한 하나님의 평가를 구하기 위해 다음 사항을 점검해 보십시오. 당신은 하나님께서 당신을 인도하시도록 허용해 드리고 있습니까? 당신은 오직 그분만이 하실 수 있는 영적 일들에 대해 온전히 그분을 신뢰하고 있습니까? 아니면 당신 스스로 응답을 강요하고 있습니까? 당신은 그룹원들의 삶에서 하나님의 역사하심을 볼 수 있습니까? 이제 하나님께 그의 종이 되는 특권을 주신 데 대해 감사기도를 드리십시오.

4. 다음 모임을 위해 3단원의 "모임 전에"를 읽으십시오.

# 제3단원 하나님은 사랑의 관계를 추구하신다

**단원목표**

이 단원은 그룹원들에게 :

- 하나님을 경험하는 삶의 일곱 가지 실체 중 앞의 두 가지 실체에 대해 설명할 수 있게 해주고
- 하나님과의 사실적이고, 개인적이며, 실제적인 사랑의 관계의 예들을 성경 속에서 찾아주며
- 각자의 삶속에서 경험했던 하나님과의 사실적이고, 개인적이며, 실제적인 관계들을 이야기하게 합니다.

## 모임 전에

☐ 1. 교재에 있는 학습문제들에 빠짐없이 답해 놓습니다.

☐ 2. 성경공부를 준비하면서 하나님의 인도하심을 구하는 기도를 드리되, 그룹원들을 한 사람 한 사람 떠올리면서 구체적으로 기도하십시오.

☐ 3. "모임중에"를 읽고서 당신이 인도하는 그룹에 가장 적합한 활동들을 선택하십시오. 또 모임에 사용함으로 큰 효과를 가져올 수 있다고 생각되는 다른 활동들을 개발하여 적용해도 됩니다.

☐ 4. 각 활동마다 소요되는 시간을 정해서 그 시작 시간을 책의 여백에 써놓으십시오. 성령님께서 모임중에 당신이나 그룹원들을 통해 다른 방향으로 진행할 것을 지시하실 때는 언제든지 계획을 바꿀 마음의 준비를 하십시오.

☐ 5. 다음의 자료들을 준비하되 모임에 필요하다고 생각되어 당신이 개발한 다른 자료들이 있다면 포함시켜도 좋습니다.

- 3단원 복습문제와 나눔의 시간 주제가 적힌 종이 그룹원 수만큼
- 일곱 가지 실체 포스터

☐ 6. 2단원 포스터를 떼어서 보관하고 3단원 포스터를 걸어놓습니다.

☐ 7. 선택사항: 그룹 성경공부 때 부를 찬송가나 복음성가를 선곡하십시오. 그리고 그 곡이 녹음된 테이프와 녹음기를 준비하십시오.

☐ 8. 4단원에 대한 짧은 소개를 준비하십시오.

## 모임중에

### 준비활동

1. **그룹원들이 도착하면 환영의 인사를 나눕니다.** 다른 사람들이 도착할 동안 미리 와 있는 그룹원들에게는 3단원 복습문제와 "나눔의

시간"에 토의할 학습문항들에 답해 놓도록 합니다.

2. **시작기도.** 소리를 내어서 하나님의 하나님 되심과 그분께서 하신 일에 대해 찬양과 감사와 경배의 기도를 드리십시오. 성경공부를 할 때 하나님이 인도해 주실 것을 간구하면서 기도를 마치십시오.

### 단원복습

1. **복습문제.** (소그룹) 문제지의 질문 A와 B에 대해 토의합니다. 예를 들어 다음과 같이 질문할 수 있습니다.
   - 예수님 안에서 당신은 무엇이 되었습니까?
   - 그것이 당신의 삶에 끼치는 영향은 무엇입니까?
   - 바울은 자신의 과거를 어떻게 간주하였습니까?
   - 하나님과 사랑의 관계를 맺는 데 있어서 사람이 주도권을 갖는 것이 가능합니까? 가능하다면 왜 가능하며, 그렇지 않다면 그 이유는 무엇입니까?(가능하지 않습니다. 만약 어떤 사람이 하나님을 추구하고 있다면 그것은 하나님이 그를 그렇게 하도록 이끌기 때문입니다. 아무도 자신이 먼저 하나님을 추구할 수 없습니다. 제4과를 참조하십시오.)

2. **일곱 가지 실체.** (짝) 그룹원들에게 짝을 지어 하나님을 경험하는 삶의 처음 두 가지 실체에 대해 이야기하게 합니다. 그들이 힌트를 필요로 하면 핵심단어인 "하나님의 일"과 "사랑의 관계"를 일러주십시오.

3. **질문과 대답.** (소그룹) 자원자에게 다음의 질문에 답하게 하십시오.
   a. 하나님은 어떤 방법들로 우리를 향한 그분의 사랑을 보여주셨습니까?(교재 77쪽)
   b. 우리는 어떻게 하나님께 향한 우리의 사랑을 보여드릴 수 있습니까?(교재 77쪽)
   c. 하나님과 당신의 관계가 사실적이고, 개인적이며, 실제적임을 보여주는 성경의 예는 어떤 것입니까?(교재 95-96쪽)

4. **포스터 토론.** (소그룹) 그룹원들에게 단원 포스터에 쓰여 있는 구절을 주의해서 읽게 한 후, 그 구절들이 각자에게 어떤 의미로 해석되는지 이야기하게 합니다. 하나님과 올바른 관계를 맺기 위해서 그들의 삶이 어떻게 바뀌어야 할 것인지에 대해 문제를 제기하십시오.

### 나눔의 시간

1. **성경암송.** (짝) 짝을 지어 마태복음 22 : 37-38을 암송한 뒤 이 구절을 통해 지난 한 주간 하나님이 각자에게 어떻게 말씀하셨는지 나누게 합니다.

2. **생각나누기.** (네 명) 책을 펴고서 다음의 항목들에 각자 어떻게 답했는지 이야기를 나누십시오.
   - 당신의 인생과 시간과 재물을 투자하고 있는 것과 하나님께서 조정하기를 원하시는 것은 어떤 부분들입니까?(교재 83쪽)
   - 하나님이 당신을 사랑하신다는 것을 어떻게 압니까?(교재 89쪽)
   - 하나님을 그렇게 사실적이고, 개인적이며, 실제적으로 경험했을 때를 설명해 보십시오.(교재 94쪽)
   - 이 단원을 통해 의미있었던 구절이나 성구, 그리고 하나님께 대한 당신의 응답기도는 어떤 것입니까? 교재 77-78, 84, 92, 96쪽 중에서 찾아보십시오.

3. **하나님께 집중하기.** (네 명) 이렇게 질문하십시오.

• 하나님과 하나님의 목적과 길에 대해 이번 주에 당신이 알게 된 것은 무엇입니까?

• 하나님에 대해서 그만큼 알게 되었다면 하나님은 당신이 어떻게 응답하기를 원하실까요?

4. **하나님과의 산책.** (소그룹) 자원자에게 "하나님과 산책하는 시간"(교재 86쪽)을 통해 겪은 경험을 이야기하게 하십시오. 그리고 나서 당신의 경험을 그룹원들에게 한 예로 제시하십시오.

5. **주님의 역사하심 나누기.** (소그룹) 간증시간을 할애해서 다음과 같이 말합니다. 지난 한 주 동안 삶 속에서 하나님이 역사하신 특별한 사건이 있으면 서로 나누고 함께 주님을 찬양합시다.

### 기도시간

1. **시편 103편을 가지고 기도하십시오.** (소그룹) 그룹원들에게 하나님의 사랑에 대한 감사의 표현으로 시편 103편을 함께 읽도록 합니다. 시편을 함께 읽음으로 주님을 찬양하는 것이 곧 예배이고 기도라는 것을 그룹원들에게 인식시켜 주십시오. 한 사람이 한 절씩 돌아가며 읽도록 합니다.

2. **하나님께 대한 사랑을 표현하십시오.** (네 명) 네 명이 한 조가 되어 하나님께 사랑을 표현하는 기도를 드리게 하는데, 감사나 찬양, 헌신의 내용이 포함되도록 하십시오.

### 찬양시간

**특별찬양 순서.** (소그룹) 하나님의 사랑이나 그분께 드리는 우리의 사랑에 관한 찬양을 부르거나 테이프를 듣습니다.

### 마침순서

1. **소그룹 모임을 가지면서 마음에 떠올랐던 질문이나 관심사들을 돌이켜봅니다.** 다음 한 주 동안 이러한 관심사와 질문에 대한 해답을 얻기 위해 기도하도록 그룹원들에게 당부하십시오.

2. **4단원 예습.** (소그룹) 하나님이 사람들을 통해 일하시기 위해 우리들을 그에게로 초청하시는데, 어떤 방법으로 우리를 초청하시는지에 대해 주의깊게 생각하도록 일깨워 주십시오.

3. **기도.** (네 명) 마침 기도는 하나님께 감사드리는 것과 자신을 제외한 다른 세 명을 위한 것으로 끝냅니다. 다른 사람이 기도를 아직 하고 있는 중이면 방해가 되지 않게 조용히 일어나 나가게 하십시오.

## 모임 후에

1. 당신의 경건일기에 그룹원들을 위해 구체적으로 어떻게 기도할 것인지 기록해 두십시오. 어떤 한 사람을 위해 특별히 기도할 필요가 있다고 생각하십니까? 그렇다면 그를 위해 무엇을 기도할 것인지 적어놓으십시오.

2. 인도자는 다음 질문에 간단히 답하든지 아니면 다른 종이에 적으십시오.

   • 이번 주 모임에서 부족했던 것은 무엇이며, 다음 모임을 위해 어떠한 영적, 정신적 준비가 필요한가?

- 나눔과 토론시간에 더욱 활발히 참여시켜야 할 그룹원은 누구이며, 언제 어떤 방법으로 그를 격려할 것인가?

- 그룹원들의 필요와 성령님의 인도에 더욱 적절하게 응답했어야 했던 때는 언제였는가?

- 정해진 시간에 시작하고 끝마칠 수 있었는가?

- 그룹원들 중 격려와 기도, 가르침, 교정, 상담이 가장 필요한 사람은 누구이며, 그를 방문하기 위해 언제 약속을 하는 것이 좋으며, 방문 시기는 언제가 좋은가?

3. 사람들이 이번 모임에서 깊이 감동받고 변화되었다면 스스로에게 이런 질문을 해보십시오. 그들은 필요한 도움을 충분히 받았는가? 만약 더 도움을 필요로 하는 사람이 있으면 그를 도울 계획을 세우거나, 다른 누군가에게 연락을 취해 도울 수 있도록 하십시오.

4. 다음 모임을 위해 4단원의 "모임 전에"를 읽으십시오.

# 제4단원 하나님의 사랑과 초청

**단원목표**

이 단원은 그룹원들에게 :

- 하나님의 본질에 대한 세 가지 설명이 신자의 삶 속에서 중대한 의미로 연결되도록 이해시켜 주고
- 사람들이 어떻게 하나님을 개인적으로 친밀하게 알게 되는지를 알려주며
- 주님의 이름으로 하도록 허락된 기도와 간증을 통해 하나님을 찬양하고 예배하도록 도와줍니다.

## 모임 전에

☐ 1. 교재에 있는 학습문제들에 빠짐없이 답해 놓습니다.

☐ 2. 성경공부를 준비하면서 하나님의 인도하심을 구하는 기도를 드리되, 그룹원들 한 사람 한 사람을 떠올리면서 구체적으로 기도하십시오.

☐ 3. "모임중에"를 읽고서 당신이 인도하는 그룹에 가장 적합한 활동들을 선택하십시오. 모임에 사용함으로 큰 효과를 가져올 수 있다고 생각되는 다른 활동들을 개발하여 적용할 수도 있습니다.

☐ 4. 각 활동마다 소요되는 시간을 정해서 그 시작 시간을 책의 여백에 써놓으십시오. 성령님께서 모임중에 당신이나 그룹원들을 통해 다른 방향으로 진행할 것을 지시하실 때는 언제든지 계획을 바꿀 마음의 준비를 하십시오.

☐ 5. 다음의 자료들을 준비하되 모임에 필요하다고 생각되어 당신이 개발한 다른 자료들이 있다면 포함시켜도 좋습니다.

- 4단원 복습문제와 나눔의 시간 주제가 적힌 종이를 그룹원 수대로 준비합니다.
- 일곱 가지 실체 포스터

☐ 6. 3단원 포스터를 떼어서 보관하고 4단원 포스터를 걸어놓습니다.

☐ 7. 선택사항: 그룹 성경공부 때 부를 찬송가나 복음성가를 선곡하십시오. 그리고 그 곡이 녹음된 테이프와 녹음기를 준비하십시오.

☐ 8. 5단원에 대한 짧은 소개를 준비하십시오.

☐ 9. 몇몇 중요한 사항들을 되돌아보기 위해 교재 13-21쪽을 다시 읽으십시오. 그룹을 인도하기 위해서는 영적 지도력이 필요하다는 사실에 특별히 주목하고 종종 읽도록 하십시오.

# 모임중에

## 준비활동

1. **그룹원들이 도착하면 환영의 인사를 나눕니다.** 다른 사람들이 도착할 동안 미리 와 있는 그룹원들에게는 4단원 복습문제와 "나눔의 시간"에 토의할 학습문항들에 답해 놓도록 합니다.

2. **시작기도.** (소그룹) 하나님을 경험적으로 알게 해준 사람이 있다면 그를 위해 기도하게 하십시오. 개인적으로 경험한 살아 계신 주님에 대한 감사의 기도를 한 사람씩 돌아가며 하도록 하십시오.

## 단원복습

1. **복습문제.** (소그룹) 문제지의 답을 검토하고 필요하면 토의하십시오. 하나님에 대한 세 가지 진리에 대해 공부했을 때 어떤 생각이 들었는지 물어보십시오.

2. **질문과 대답.** (소그룹) 자원자에게 다음의 질문에 답하게 하십시오.
   a. 당신은 어떻게 하나님을 개인적이고 친밀하게 알게 됩니까?(교재 104쪽)
   b. 하나님의 이름을 통해 예배하는 방법은 무엇입니까?(교재 107쪽)
   c. 하나님의 계명의 목적은 무엇입니까?(교재 112쪽)
   d. 예수님은 아버지의 일을 하는 데 있어서 무슨 일을 해야 하는지 어떻게 아셨습니까?(교재 115쪽)
   e. 하나님이 당신 주위에서 일하고 계심을 깨닫는 데 중요한 두 가지 요소가 무엇입니까?(교재 117쪽)
   f. 어떤 상황에 부딪쳤을 때 하나님이 역사하시는 것을 당신이 알도록 도와주는 것들은 무엇입니까?(교재 123쪽)
   g. 하나님은 언제 말씀하십니까?(교재 125쪽)
   h. 하나님은 언제 개인이나 교회 안에서 주도권을 잡으시고, 어떤 일을 성취하실 때 그가 약속하시는 바는 무엇입니까?(교재 125-126쪽)

3. **포스터 토론.** (소그룹) 그룹원들에게 단원 포스터에 쓰여 있는 구절을 주의해서 읽게 한 후, 그 구절들이 각자에게 어떤 의미로 해석되는지 이야기하게 합니다. 하나님과 올바른 관계를 맺기 위해서 그들의 삶이 어떻게 바뀌어야 할 것인지에 대해 문제를 제기하십시오.

4. **일곱 가지 실체.** (짝) 그룹원들에게 짝을 지어 하나님을 경험하는 삶의 처음 세 가지 실체에 대해 이야기하도록 하십시오.

## 나눔의 시간

1. **성경암송.** (짝) 짝을 지어 요한복음 14 : 21을 암송한 뒤, 이 구절을 통해 지난 한 주간 하나님이 각자에게 어떻게 말씀하셨는지 나누게 합니다.

2. **주님의 역사하심 나누기.** (소그룹) 간증시간을 할애해서 다음과 같이 말합니다. 지난 한 주 동안 삶 속에서 하나님이 역사하신 특별한 사건이 있으면 서로 나누고 함께 주님을 찬양합시다.

3. **하나님께 집중하기.** (네 명) 이렇게 질문하십시오.
   • 하나님과 하나님의 목적과 길에 대해 이번 주에 당신이 알게 된 것은 무엇입니까?

- 하나님에 대해서 그만큼 알게 되었다면 그분은 당신이 어떻게 응답하기를 원하실까요?

4. **생각나누기.** (소그룹) 책을 펴고서 다음의 항목들에 각자 어떻게 답했는지 이야기를 나누십시오.
   - 하나님을 표현하는 이름과 경험을 통해 하나님을 알게 된 사건 하나를 써보십시오.(교재 103쪽)

5. **네 명씩 짝을 지어.** 아래의 항목들에 대해 서로 이야기하도록 하십시오.
   - 제2과의 예배시간 때 가졌던 당신의 생각, 느낌, 경험 등을 나누십시오.(교재 107쪽)
   - 당신의 주위에서 역사하시는 하나님을 어떻게 인지합니까?(교재 125쪽)
   - 이 단원을 통해 의미있었던 구절이나 성구, 그리고 하나님께 대한 당신의 응답기도는 어떤 것입니까? 교재 104, 113, 119, 127쪽 중에서 찾아보십시오.

### 기도시간

1. **기도제목 나누고 기도하기.** (네 명) 그룹원들에게 교재 103-104쪽에 적혀 있는 하나님을 가리키는 이름들을 훑어보고, 자기가 개인적으로 느끼고 싶은 하나님의 이름을 한 가지 선택하게 합니다. 예를 들면 "저는 어릴 때 부모님이 이혼을 하셨기 때문에 아버지가 어떤 분이라는 것을 전혀 모릅니다. 그래서 저는 하나님을 사랑이 많으신 아버지로 알고 싶습니다"라고 말하는 사람이 있을 수 있습니다. 그룹원들이 각자의 필요를 다 말하고 나면 같은 기도조에 속한 다른 세 명을 위해 기도하는 시간을 갖습니다.

2. **기도제목 기록.** (소그룹) 모두 기도를 마치면 이렇게 제안하십시오. 경건일기를 꺼내어 기도란을 펴서 자신의 기도제목과 다른 그룹원들 중 기도해 주고 싶은 그룹원들의 기도제목을 기록하십시오.

### 찬양시간

**특별찬양 순서.** (소그룹) 하나님의 이름과 관련된 노래들, 즉 "그 이름 높도다", "예수 놀라운 이름"과 같은 찬양을 부르거나 테이프를 듣습니다.

### 마침순서

1. (소그룹) **이 모임을 가지면서 마음에 떠올랐던 질문이나 관심사들을 돌이켜봅니다.** 다음 한 주 동안 이러한 관심사와 질문에 대한 해답을 얻기 위해 기도하도록 당부하십시오.

2. **5단원 예습.** (소그룹) 하나님께서 성경말씀과 기도를 통해 각자에게 하시는 말씀에 한 주간 주의를 집중하라고 이르십시오.

3. **기도.** (소그룹) 만약 사람들이 하나님을 경배하는 데 약간 색다른 표현을 시도하는 것에 찬성한다면, 시편 기자가 했던 것처럼 주님의 이름으로 두 손을 높이 들게 하십시오. 모두가 눈을 들어 하늘을 우러르고 주님의 이름으로 손을 들어올린 상태에서 소리내어 하나님의 위대하신 사랑을 찬양하고 그의 뜻과 목적에 순종하는 기도를 드리게 하십시오.

## 모임 후에

1. 당신의 경건일기에 그룹원들을 위해 구체적으로 어떻게 기도할 것인지 기록해 두십시오. 어떤 한 사람을 위해 특별히 기도할 필요가 있다고 생각하십니까? 그렇다면 그를 위해 무엇을 기도할 것인지 적어놓으십시오.

2. 인도자는 다음 질문에 간단히 답하든지 아니면 다른 종이에 적으십시오.

   - 이번 주 모임에서 부족했던 것은 무엇이며, 다음 모임을 위해 어떠한 영적, 정신적 준비가 필요한가?

   - 나눔과 토론시간에 더욱 활발히 참여시켜야 할 그룹원은 누구이며, 언제 어떤 방법으로 그를 격려할 것인가?

   - 그룹원들의 필요와 성령님의 인도에 더욱 적절하게 응답했어야 했던 때는 언제였는가?

   - 정해진 시간에 시작하고 끝마칠 수 있었는가?

   - 이번 주에 격려와 기도, 지도, 상담해 주어야 할 그룹원은 누구이며, 언제 그에게 전화할 것인가?

3. 그룹원들이 하나님과 함께함으로 인해 의미있고 영감에 가득찬 표현을 했다면, 그 개개인에 대한 짤막한 요약을 해놓기 바랍니다. 당신은 하나님의 임재를 경험한 것에 대해 그룹원들에게 한 페이지 정도의 감상문을 써보라고 할 수도 있을 것입니다. 이것은 당신 그룹의 공동경험에 대한 아주 의미있는 기록이 될 것입니다. 또 다른 사람들과 함께 주님의 역사하심에 대해 함께 나누고 이야기할 기회를 가질 수도 있습니다. 당신의 그룹원들 중 삶 속에서 하나님의 손길을 영적으로 깊이 체험했다고 이야기한 사람들의 이름을 아래에 적어보십시오.

4. 다음 모임을 위해 5단원의 "모임 전에"를 읽으십시오.

# 제5단원 하나님이 말씀하신다(제1부)

**단원목표**

이 단원은 그룹원들에게 :

- 구약성경의 하나님이 말씀하시는 방법의 중요한 몇 가지 요소를 규명해 주고
- 하나님께서 하나님 자신과 자신의 목적과 길을 보여주시는 이유를 말해 주며
- 하나님께서 성경이나 기도 속에서 어떻게 말씀하시는지 설명해주고
- 기도짝이 처한 커다란 영적인 도전을 위해 기도함으로써 그에 대한 관심을 나타낼 수 있게 합니다.

## 모임 전에

☐ 1. 교재에 있는 학습문제들에 빠짐없이 답해 놓습니다.

☐ 2. 성경공부를 준비하면서 하나님의 인도하심을 구하는 기도를 드리되, 그룹원들을 한 사람 한 사람 떠올리면서 구체적으로 기도하십시오.

☐ 3. "모임중에"를 읽고서 당신이 인도하는 그룹에 가장 적합한 활동들을 선택하십시오. 또 모임에 사용함으로 큰 효과를 가져올 수 있다고 생각되는 다른 활동들을 개발하여 적용해도 됩니다.

☐ 4. 각 활동마다 소요되는 시간을 정해서 그 시작 시간을 책의 여백에 써놓으십시오. 성령님께서 모임중에 당신이나 그룹원들을 통해 다른 방향으로 진행할 것을 지시하실 때는 언제든지 계획을 바꿀 마음의 준비를 하십시오.

☐ 5. 다음의 자료들을 준비하되 모임에 필요하다고 생각되어 당신이 개발한 다른 자료들이 있다면 포함시켜도 좋습니다.

- 5단원 복습문제와 나눔의 시간 주제가 적힌 종이를 그룹원 수대로 준비합니다.
- 일곱 가지 실체 포스터.

☐ 6. 두 개의 도표를 준비하십시오. 하나님이 성경말씀을 통해 말씀하시는 방법에 관한 도표(교재 152쪽)와 기도 도표(교재 159쪽)입니다. 앞으로 하나님을 경험하는 삶의 그룹공부 때 사용할 수 있도록 이 도표들을 코팅하여 보존하는 것이 좋습니다.

☐ 7. 4단원 포스터를 떼어서 보관하고 5단원 포스터를 걸어놓습니다.

☐ 8. 선택사항: 그룹 성경공부 때 부를 찬송가나 복음성가를 선곡하십시오. 그리고 그 곡이 녹음된 테이프와 녹음기를 준비하십시오.

☐ 9. 6단원에 대한 짧은 소개를 준비하십시오. 교재 186쪽에 나오는 영적 명세서를 준비하십시오.

# 모임중에

### 준비활동

1. **그룹원들이 도착하면 환영의 인사를 나눕니다.** 다른 사람들이 도착할 동안 미리 와 있는 그룹원들에게는 5단원 복습문제와 "나눔의 시간"에 토의할 학습문항들에 답해 놓도록 합니다.

2. **시작기도.** (소그룹) 한 사람을 지목하여 대표로 하나님께서 자신과 그의 목적과 길을 우리에게 보여주시는 데 대해서 감사의 기도를 드리게 하십시오.

### 단원복습

1. **복습문제.** (소그룹) 문제지의 질문 A와 C에 대해 토의하십시오.

2. **일곱 가지 실체.** (소그룹) 그룹원 중 한 사람에게 포스터를 이용해서 하나님을 경험하는 삶의 처음 네 가지 실체를 발표하도록 합니다. 도움이 필요하다 싶으면 재빨리 핵심단어를 한두 개 알려주십시오.

3. **성경말씀과 기도 도표.** (소그룹) 그룹원 중 한 사람에게 성경말씀 도표를 이용해서 하나님께서 성경말씀을 통해 어떻게 말씀하시는지를 설명하게 합니다. 그에 관한 질문이 그룹원들로부터 나오면 그것을 가지고 토의하십시오. 그리고 나서 또 다른 그룹원에게 기도 도표를 이용하여 하나님께서 기도를 통해 어떻게 말씀하시는지를 설명하게 합니다.

4. **포스터 토론.** (소그룹) 그룹원들에게 단원 포스터에 쓰여 있는 구절을 주의해서 읽게 한 후, 그 구절들이 각자에게 어떤 의미로 해석되는지 이야기하게 합니다. 하나님과 올바른 관계를 맺기 위해서 그들의 삶이 어떻게 바뀌어야 할 것인지에 대해 문제를 제기하십시오.

5. **질문과 대답.** (소그룹) 자원자에게 다음의 질문에 답하게 하십시오.
   a. 하나님께서 구약성경에서 말씀하시는 방법 중 가장 중요한 요소는 무엇입니까?(교재 130쪽)
   b. 하나님은 복음서에서 어떻게 말씀하셨습니까?(교재 138쪽)
   c. 기도할 때에 성령님의 역할은 무엇입니까?(교재 159-160쪽)

### 나눔의 시간

1. **생각나누기.** (네 명) 책을 펴고서 다음의 항목들에 각자 어떻게 답했는지 이야기를 나누십시오.
   - 이 과정을 공부해 오는 동안 하나님께서 뭐라고 말씀하고 있습니까?(교재 140쪽)
   - 하나님이 어떻게 성경말씀을 통해 말씀하십니까?(교재 152쪽)
   - 하나님이 어떻게 기도를 통해 말씀하십니까?(교재 159쪽)
   - 이 단원을 통해 의미있었던 구절이나 성구, 그리고 하나님께 대한 당신의 응답기도는 어떤 것입니까? 교재 135, 141, 149, 156, 163쪽 중에서 찾아보십시오.

2. **하나님께 집중하기.** (네 명) 이렇게 질문하십시오.
   - 하나님과 하나님의 목적과 길에 대해 이번 주에 당

신이 알게 된 것은 무엇입니까?

- 하나님에 대해서 그만큼 알게 되었다면 그분은 당신이 어떻게 응답하기를 원하실까요?

3. **주님의 역사하심 나누기.** (소그룹) 간증시간을 할애해서 다음과 같이 말합니다. 지난 한 주 동안 삶 속에서 하나님이 역사하신 특별한 사건이 있으면 서로 나누고 함께 주님을 찬양합시다.

4. **성경암송.** (짝) 짝을 지어 요한복음 8:47을 암송한 뒤, 이 구절을 통해 지난 한 주간 하나님이 각자에게 어떻게 말씀하셨는지 나누게 합니다.

### 기도시간

1. **기도제목 나누고 기도하기.** (짝) 각자 자기 짝에게 자신의 가장 큰 영적인 도전(교재 140쪽)이 무엇인지 나누게 합니다. 한 사람이 자기의 이야기를 하면 상대방은 그것을 가지고 구체적으로 짝을 위해 기도하고, 또 역할을 바꾸어서 다른 짝이 상대방을 위해 기도하게 합니다.

2. **기도제목 기록.** (소그룹) 모두 기도를 마치면 이렇게 제안하십시오. 경건일기를 꺼내어 기도란을 펴서 자신의 기도제목과 기도해 주고 싶은 다른 그룹원들의 기도제목을 기록하십시오.

### 찬양시간

**특별찬양 순서.** (소그룹) 성령님이나 성경, 기도에 관한 찬양을 부르거나 테이프를 듣습니다.

### 마침순서

1. (소그룹) **이 모임을 가지면서 마음에 떠올랐던 질문이나 관심사들을 돌이켜봅니다.** 다음 한 주 동안 이러한 관심사와 질문에 대한 해답을 얻기 위해 기도하도록 당부하십시오.

2. **6단원 예습.** (소그룹) 영적인 표징들(제4과)을 이용해서 하나님은 그룹원들이 어떤 결정을 하는 데 지침을 주심을 주지시킵니다. 다음 모임 때까지 각자 영적인 표징들을 목록화하십시오.

3. **기도.** (소그룹) 손을 잡게 하고 이번에는 기도제목을 제시하지 않습니다. 성령께서 이끄시는 대로 서로 대화식 기도를 합니다.

## 모임 후에

1. 당신의 경건일기에 그룹원들을 위해 구체적으로 어떻게 기도할 것인지 기록해 두십시오. 어떤 한 사람을 위해 특별히 기도할 필요가 있다고 생각하십니까? 그렇다면 그를 위해 무엇을 기도할 것인지 적어놓으십시오.

2. 인도자는 다음 질문에 간단히 답하든지 아니면 다른 종이에 적으십시오.

   - 이번 주 모임에서 부족했던 것은 무엇이며, 다음 모임을 위해 어떤 영적, 정신적 준비가 필요한가?

- 나눔과 토론시간에 더욱 활발히 참여시켜야 할 그룹원은 누구이며, 언제 어떤 방법으로 그를 격려할 것인가?

- 그룹원들의 필요와 성령님의 인도에 더욱 적절하게 응답했어야 했던 때는 언제였는가?

- 정해진 시간에 시작하고 끝마칠 수 있었는가?

- 이번 주에 격려의 편지를 필요로 하는 사람은 누구이며, 언제 쓸 것인가?

3. 앞으로 하나님을 경험하는 삶 성경공부 모임을 위해 성경말씀과 기도에 관한 도표 두 개를 잘 보관하십시오. 도표들을 코팅하여 보관할 수도 있습니다.

4. 다음 모임을 위해 6단원의 "모임 전에"를 읽으십시오.

# 제6단원 하나님이 말씀신다(제2부)

**단원목표**

이 단원은 그룹원들에게 :
- 하나님을 경험하는 삶의 처음 네 가지 실체를 직접 써볼 수 있게 하고
- 기도할 때 하나님이 침묵하시는 두 가지 이유를 말해 주며
- 혼란스러운 상황에 처했을 때 어떻게 대처할 것인지 설명해주고
- 생활 속에서 매긴 영적인 점수들을 분석하여 하나님께서 그들의 삶을 매우 개인적으로 인도하고 계시다는 사실을 이해시킵니다.

## 모임 전에

□ 1. 교재에 있는 학습문제들에 빠짐없이 답해 놓습니다.

□ 2. 성경공부를 준비하면서 하나님의 인도하심을 구하는 기도를 드리되, 그룹원들 한 사람 한 사람을 떠올리면서 구체적으로 기도하십시오.

□ 3. "모임중에"를 읽고서 당신이 인도하는 그룹에 가장 적합한 활동들을 선택하십시오. 또 모임에 사용함으로 큰 효과를 가져올 수 있다고 생각되는 다른 활동들을 개발하여 적용해도 됩니다.

□ 4. 각 활동마다 소요되는 시간을 정해서 그 시작 시간을 책의 여백에 써놓으십시오. 성령님께서 모임중에 당신이나 그룹원들을 통해 다른 방향으로 진행할 것을 지시하실 때는 언제든지 계획을 바꿀 마음의 준비를 하십시오.

□ 5. 다음의 자료들을 준비하되 모임에 필요하다고 생각되어 당신이 개발한 다른 자료들이 있다면 포함시켜도 좋습니다.
- 6단원 복습문제와 나눔의 시간 주제가 적힌 종이를 그룹원 수대로 준비합니다.
- 일곱 가지 실체 포스터.

□ 6. 5단원 포스터를 떼어서 보관하고 6단원 포스터를 걸어놓습니다.

□ 7. 선택사항: 그룹 성경공부 때 부를 찬송가나 복음성가를 선곡하십시오. 그리고 그 곡이 녹음된 테이프와 녹음기를 준비하십시오.

□ 8. 7단원 예습을 준비하면서 이번 단원의 "모임중에" 있는 내용들에 대해 나눌 준비를 합니다.

## 모임중에

### 준비활동

1. **그룹원들이 도착하면 환영의 인사를 나눕니다.** 다른 사람들이 도착할 동안 미리 와 있는

그룹원들에게는 6단원 복습문제와 "나눔의 시간"에 토의할 학습문항들에 답해 놓도록 합니다.

2. **시작기도.** (소그룹) 하나님이 각 사람을 인도하셔서 다른 사람들에게 하나님의 뜻을 삶 가운데서 분별하는 법을 알릴 수 있게 해달라고 기도하십시오.

### 단원복습

1. **일곱 가지 실체.** (소그룹) 지난 주 발표자가 아닌 다른 사람에게 포스터를 이용해서 하나님을 경험하는 삶의 처음 네 가지 실체를 발표시킵니다.

2. **포스터 토론.** (소그룹) 그룹원들에게 단원 포스터에 쓰여 있는 구절을 주의해서 읽게 한 후, 그 구절들이 각자에게 어떤 의미로 해석되는지 이야기하게 합니다. 하나님과 올바른 관계를 맺기 위해서 그들의 삶이 어떻게 바뀌어야 할 것인지에 대해 문제를 제기하십시오.

3. **질문과 대답.** (소그룹) 자원자에게 다음의 질문에 답하게 하십시오.
   a. 당신이 기도하는 동안 하나님이 침묵하실 만한 이유 두 가지는 무엇입니까?(교재 170쪽)
   b. 혼란스러운 환경에 처해 있을 때 그리스도인으로서 해야 할 일은 무엇입니까?(교재 176쪽)
   c. 당신에게 어떤 상황이 주어지면, 그것의 참된 진리를 진정으로 알게 되는 때는 언제입니까?(교재 179쪽)
   d. 그리스도인들은 그리스도의 지체로서의 역할을 어떻게 깨닫게 됩니까?(교재 189-194쪽)

### 나눔의 시간

1. **영적 표징들.** (소그룹) 당신 자신의 영적 표징들을 나누십시오(교재 186쪽). 자원자가 있으면 삶 속에서 평가한 영적 점수를 나누게 합니다.

2. **주님의 역사하심 나누기.** (소그룹) 간증시간을 할애해서 다음과 같이 말합니다. 지난 한 주 동안 삶 속에서 하나님이 역사하신 특별한 사건이 있으면 서로 나누고 함께 주님을 찬양합시다.

3. **하나님께 집중하기.** (네 명) 이렇게 질문하십시오.
   - 하나님과 하나님의 목적과 길에 대해 이번 주에 당신이 알게 된 것은 무엇입니까?
   - 하나님에 대해서 그만큼 알게 되었다면 그분은 당신이 어떻게 응답하기를 원하실까요?

4. **가장 의미있는 것.** (네 명) 이 단원을 공부하면서 '가장 의미있었던' 구절이나 성구를 복습하고(교재 171, 177, 181, 188, 194쪽), 그 중에서 가장 의미있는 것은 무엇인지 생각하게 합니다. 그룹원들에게
   a. 가장 의미있는 구절이나 성경구절을 하나 읽고,
   b. 그것이 왜 의미있는지를 말하도록 하십시오. 그리고
   c. 하나님께 어떻게 응답기도를 드렸는지 나누게 하십시오.

5. **성경암송.** (네 명) 짝을 지어 요한복음 5:19을 암송한 뒤, 이 구절을 통해 지난 한 주간 하나님이 각자에게 어떻게 말씀하셨는지 나누게 합니다.

### 기도시간

1. **기도제목 나누기.** (소그룹) 이번 주에 교회와 교회의 어떤 형제를 위해 기도할 것이 생겼다면 어떤 내용인지에 대해 나누게 하십시오. 기도시간을 충분히 갖기 위해 설명은 간단하게 하도록 합니다.

2. **기도.** (네 명) 그룹원들이 모두 기도에 활발히 참여할 수 있도록 네 명씩 조를 짭니다. 방금 전에 나누었던 교회와 교회의 어떤 형제를 위한 기도제목을 가지고 기도하게 합니다.

3. **기도제목 기록.** (소그룹) 모두 기도를 마치면 이렇게 제안하십시오. 경건일기를 꺼내어 기도란을 펴서 기도제목과 교회와 그 형제를 위해 무엇을 기도했는지 기록하십시오.

### 찬양시간

**특별찬양 순서.** (소그룹) 하나님께서 그의 백성들을 인도하시고 그들에게 말씀하시는 것에 관련된 찬양을 부르거나 테이프를 듣습니다.

### 마침순서

1. (소그룹) **이 모임을 가지면서 마음에 떠올랐던 질문이나 관심사를 돌이켜봅니다.** 다음 한 주 동안 이러한 관심사와 질문에 대한 해답을 얻기 위해 기도하도록 당부하십시오.

2. **7단원 예습.** (소그룹) 교재 201쪽에 나오는 "믿음의 갈등"에 열거된 네 가지 원리를 주시하고, 예습중에 떠오르는 기도제목들이 있으면 책의 여백에 써놓으라고 하십시오. 만약 그들이 자신들의 교회가 믿음을 행하는 방법에 대해 염려되어 기도하고 싶어한다면, 그렇게 하되 이 점에 대해서는 다른 사람들과 토론하지 말도록 하십시오. 이 책의 저자는 교회가 믿음의 행위를 하기 전에 먼저 하나님의 뜻이 무엇인지 분별하도록 도움을 주고 있습니다. 7단원 첫부분에 설명된 예산 책정 방법은 하나님이 믿음의 행위의 방법으로 교회에 요구하시는 것은 아닙니다. 교회가 믿음을 행하는 구체적인 방법에 있어서 주도권을 하나님께 내어드리도록 그룹원들에게 가르쳐 주십시오. 그룹원들은 절대 교회에 어떤 규칙이나 프로그램을 강요해서는 안 됩니다. 그것이 교회에 해로운 결과를 가져올 수 있기 때문입니다.

3. **기도.** (소그룹) 둥글게 원을 만들어 손을 잡고 인도자가 마침기도를 하십시오. 믿음을 행하는 삶을 살려면 어떻게 해야 하는지 이번 한 주 동안 가르쳐 달라고 기도하십시오. 온 교회가 더 깊은 믿음의 삶을 살 수 있도록 인내하심으로 인도해 주실 것을 기도드리십시오.

## 모임 후에

1. 당신의 경건일기에 그룹원들을 위해 구체적으로 어떻게 기도할 것인지 기록해 두십시오. 어떤 한 사람을 위해 특별히 기도할 필요가 있다고 생각하십니까? 그렇다면 그를 위해 무엇을 기도할 것인지 적어놓으십시오.

2. 인도자는 다음 질문에 간단히 답하든지 아니면 다른 종이에 적으십시오.

- 이번 주 모임에서 부족했던 것은 무엇이며, 다음 모임을 위해 어떠한 영적, 정신적 준비가 필요한가?

- 나눔과 토론시간에 더욱 활발히 참여시켜야 할 그룹원은 누구이며, 언제 어떤 방법으로 그를 격려할 것인가?

- 그룹원들의 필요와 성령님의 인도에 더욱 적절하게 응답했어야 했던 때는 언제였는가?

- 정해진 시간에 시작하고 끝마칠 수 있었는가?

- 이번 주에 전화로 격려하고 기도, 교육, 상담해 주어야 할 그룹원은 누구이며, 언제 걸 것인가?

3. 다음 모임을 위해 7단원의 "모임 전에"를 읽으십시오.

# 제7단원 믿음의 갈등

**단원목표**

이 단원은 그룹원들에게 :

- 믿음의 갈등에 관련된 네 가지의 원리를 설명할 수 있게 해주고
- 믿음과 믿음의 반대말에 정의를 내리게 해주며
- 믿음의 행동과 믿음의 부족에서 오는 행동을 구별할 수 있게 하고
- 그리스도의 지체인 교회가 하나님께 순종하도록 돕고 인도하겠다는 뜻을 확고히 표현할 수 있도록 해줍니다.

## 모임 전에

☐ 1. 교재에 있는 학습문제들에 빠짐없이 답해 놓습니다.

☐ 2. 6단원에서 훑어보았던 "7단원 예습" 부분을 다시 읽으십시오.이 부분을 써놓은 이유는, 그동안 몇몇 목회자들과 비전문인들이 여기에 나오는 운영 '방법' 을 그들의 교회에 강제로 적용시켰기 때문입니다. 사람들이 하나님의 말씀을 들을 수 있는 기초가 세워져 있지 못하면 이런 방법을 적용한다 해도 소용이 없습니다. 사람의 방법대로 되는 것이 아니라 하나님의 뜻대로 되는 것입니다. 그룹원들이 교회에 대해 어떤 염려를 가지고 있다면 그것이 무엇이든지간에 그것을 위해 기도하게 하십시오. 하나님께서는 교회가 믿음의 행위를 하도록 인도하시면서 그가 원하는 바대로 교회를 변화시키실 것입니다. 그룹원들이 오직 하나님의 인도하심에 의지하고 응답하도록 격려하십시오. 주님의 시간은 언제나 정확합니다.

☐ 3. 성경공부를 준비하면서 하나님의 인도하심을 구하는 기도를 드리되, 그룹원 한 사람 한 사람을 떠올리면서 구체적으로 기도하십시오.

☐ 4. "모임중에"를 읽고서 당신이 인도하는 그룹에 가장 적합한 활동들을 선택하십시오. 또 모임에 사용함으로 큰 효과를 가져올 수 있다고 생각되는 다른 활동들을 개발하여 적용해도 됩니다.

☐ 5. 각 활동마다 소요되는 시간을 정해서 그 시작 시간을 책의 여백에 써놓으십시오. 성령님께서 당신이나 그룹원들을 통해 다른 방향으로 진행할 것을 지시하실 때는 언제든지 계획을 바꿀 마음의 준비를 하십시오.

☐ 6. 다음의 자료들을 준비하되 모임에 필요하다고 생각되어 당신이 개발한 다른 자료들이 있다면 포함시켜도 좋습니다.

- 7단원 복습문제와 나눔의 시간 주제가 적힌 종이를 그룹원 수만큼 준비합니다.
- 일곱 가지 실체 포스터

☐ 7. 6단원 포스터를 떼어서 보관하고 7단원 포스터를 걸어놓습니다.

☐ 8. 선택사항: 그룹 성경공부 때 부를 찬송가나 복음성가를 선곡하십시오. 그리고 그 곡이 녹음된 테이프와 녹음기를 준비하십시오.

☐ 9. 8단원에 대한 짧은 소개를 준비하십시오.

# 모임중에

### 준비활동

1. **그룹원들이 도착하면 환영의 인사를 나눕니다.** 다른 사람들이 도착할 동안 미리 와 있는 그룹원들에게는 7단원 복습문제와 "나눔의 시간"에 토의할 학습문항들에 답해 놓도록 합니다.

2. **시작기도.** (네 명) 네 명씩 조를 짜서 서로를 위해 기도해 주도록 기도제목을 나누게 하십시오. 교회나 가정, 개인적인 일이 될 수 있을 것입니다. 기도할 시간을 충분히 갖기 위해 기도제목을 나누는 일은 간단하게 하십시오.

### 단원복습

1. **일곱 가지 실체.** (소그룹) 자원하는 사람을 지명해서 다섯번째의 실체가 무엇인지 대답하게 하고 또 다른 자원자는 포스터를 이용해서 처음 단계부터 다섯번째 단계까지의 실체를 설명하게 합니다.

2. **복습문제.** (소그룹) 믿음의 갈등에 관한 네 가지 원리를 복습하십시오. 그룹원들에게 각각의 원리를 뒷받침하는 성경말씀이나 각자가 배운 점을 이야기하게 합니다.

3. **질문과 대답.** (소그룹) 자원자에게 다음의 질문에 대답하게 하십시오.
   a. 믿음이란 무엇이며, 믿음의 반대말은 무엇입니까?(교재 202쪽)
   b. 하나님은 왜 인간의 힘으로는 불가능한 하나님 크기의 사명들을 주셨습니까?(교재 209-215쪽)
   c. 믿음과 행동의 관계는 무엇입니까?(교재 216-222쪽)
   d. 히브리서 11장에 의하면, 어떤 사람의 삶 속에서 나타나는 행동의 선하고 악함에 따라서 그 사람의 믿음을 평가할 수 있습니까? 그 이유는 무엇입니까?(교재 223-224쪽)

4. **사례연구 토의.** (소그룹) 교재 218-219쪽에 나오는 네 개의 예들을 복습하고, 그룹원들이 확실한 의견을 말하기 힘들어하는 애매한 것들을 토론하십시오. 인간적인 경험만이 아니라 반드시 성경의 진리에 기초하여 답을 생각할 수 있도록 하십시오. 자신의 경험에만 의존하여 답을 구하려는 그룹원에게는 부드럽게 주의를 주십시오.

5. **포스터 토론.** (소그룹) 그룹원들에게 단원 포스터에 쓰여 있는 구절을 주의해서 읽게 한 후, 그 구절들이 각자에게 어떤 의미로 해석되는지 이야기하게 합니다. 하나님과 올바른 관계를 맺기 위해서 그들의 삶이 어떻게 바뀌어야 할 것인지에 대해 문제를 제기하십시오.

## 나눔의 시간

1. **생각나누기.** (소그룹) 책을 펴고서 다음의 항목들에 각자 어떻게 답했는지 이야기를 나누십시오.
   - 교재 199-200쪽에 있는 A-D문항들을 보십시오. 먼저 A와 B문항에 대해 당신의 답과 비교해 보고, C와 D문항에 대한 반응을 서로 나누십시오.
   - 당신의 인생에서 믿음이 요구되었던 시기는 언제이며, 그 때 어떻게 응답했습니까?(교재 207쪽)
   - 교재 212-213쪽에 있는 여덟 문항들을 보십시오. 먼저 1-4문항에 대해 당신의 답과 비교해 보고, 5-8문항에 대한 반응을 서로 나누십시오.
   - 이 단원을 통해 의미있었던 구절이나 성구, 그리고 하나님께 대한 당신의 응답기도는 어떤 것입니까? 교재 201, 208, 215, 221, 225쪽 중에서 찾아보십시오.

2. **역사하심 나누기.** (소그룹) 간증시간을 할애해서 다음과 같이 말합니다. 지난 한 주 동안 삶속에서 하나님이 역사하신 특별한 사건이 있으면 서로 나누고 함께 주님을 찬양합시다.

3. **성경암송.** (짝) 짝을 지어 히브리서 11:6을 암송한 뒤, 이 구절을 통해 지난 한 주간 하나님이 각자에게 어떻게 말씀하셨는지 나누게 합니다.

4. **하나님께 집중하기.** (네 명) 이렇게 질문하십시오.
   - 하나님과 하나님의 목적과 길에 대해 이번 주에 당신이 알게 된 것은 무엇입니까?
   - 당신이 하나님에 대해 그만큼 알게 되었다면 그분은 당신이 어떻게 응답하기를 원하실까요?

## 기도시간

1. **기도제목 나누고 기도하기.** (네 명 – 시작기도와 같은 구성원으로 조를 짭니다.) 그들이 개인으로서, 그리고 교회의 일원으로서 믿음의 길을 가는 데 있어 어려운 점들을 나누고 서로를 위해 구체적으로 기도하게 합니다.

2. **기도제목 기록.** (소그룹) 그룹원들이 기도를 마치면 이렇게 제안하십시오. 경건일기의 기도란을 펴서 기도제목들을 적고 당신이 다른 성도들이나 교회의 신앙성장을 위해 기도하도록 하나님이 이끄신 방법에 대해 기록해 보십시오.

## 찬양시간

**특별찬양 순서.** (소그룹) 믿음과 행동에 관련된 찬양를 부르거나 테이프를 듣습니다.

## 마침순서

1. (소그룹) **이 모임을 가지면서 마음에 떠올랐던 질문이나 관심사들을 돌이켜봅니다.** 다음 한 주 동안 이러한 관심사와 질문에 대한 해답을 얻기 위해 기도하도록 당부하십시오.

2. **8단원 예습.** (소그룹) 인간이 하나님의 활동의 중요한 흐름에 함께 참여하기 위해서 스스로 어떠한 조정을 필요로 하는지 주의해서 보도록 합니다.

3. **기도.** (소그룹) 원을 만들어 손을 잡고 믿음의 갈등을 맞기 쉬운 교회와 그룹원들을 위해 기도합니다.

## 모임 후에

1. 당신의 경건일기에 그룹원들을 위해 구체적으로 어떻게 기도할 것인지 기록해 두십시오. 어떤 한 그룹원을 위해 특별히 기도할 필요가 있다고 생각하십니까? 그렇다면 그를 위해 무엇을 기도할 것인지 적어놓으십시오.

2. 인도자는 다음 질문에 간단히 답하든지 아니면 다른 종이에 적으십시오.

- 이번 주 모임에서 부족했던 것은 무엇이며, 다음 모임을 위해 어떠한 영적, 정신적 준비가 필요한가?

- 나눔과 토론시간에 더욱 활발히 참여시켜야 할 그룹원은 누구이며, 언제 어떤 방법으로 그를 격려할 것인가?

- 그룹원들의 필요와 성령님의 인도에 더욱 적절히 반응했어야 했던 때는 언제였는가?

- 정해진 시간에 시작하고 끝마칠 수 있었는가?

- 방문이나 전화를 해서 격려하고 기도해 주고 상담을 해주어야 할 그룹원은 누구이며, 언제 할 것인가?

3. 다음 모임을 위해 8단원의 "모임 전에"를 읽으십시오.

# 제8단원 당신의 인생을 하나님께로 조정하라

**단원목표**

이 단원은 그룹원들에게 :
- 하나님을 경험하는 삶의 여섯번째 실체를 설명할 수 있게 해주고
- 인간이 주님을 섬기는 방법을 알려주며
- 그들의 삶을 올바르게 고쳐 나가도록 하나님이 어떻게 인도하시는지 알게 하고
- 순종의 기도를 드림으로써 그리스도의 주 되심에 헌신하게 합니다.

## 모임 전에

☐1. 교재에 있는 학습문제들에 빠짐없이 답해 놓습니다.

☐2. 성경공부를 준비하면서 하나님의 인도하심을 구하는 기도를 드리되 그룹원 한 사람 한 사람을 떠올리면서 구체적으로 기도하십시오.

☐3. "모임중에"를 읽고서 당신이 인도하는 그룹에 가장 적합한 활동들을 선택하십시오. 또 모임에 사용함으로 큰 효과를 가져올 수 있다고 생각되는 다른 활동들을 개발하여 적용해도 됩니다.

☐4. 각 활동마다 소요되는 시간을 정해서 그 시작 시간을 책의 여백에 써놓으십시오. 성령님께서 모임중에 당신이나 그룹원들을 통해 다른 방향으로 진행할 것을 지시하실 때는 언제든지 계획을 바꿀 마음의 준비를 하십시오.

☐5. 다음의 자료들을 준비하되 모임에 필요하다고 생각되어 당신이 개발한 다른 자료들이 있다면 포함시켜도 좋습니다.
- 8단원 복습문제와 나눔의 시간 주제가 적힌 종이를 그룹원 수만큼 준비합니다.
- 일곱 가지 실체 포스터
- 분필과 칠판 또는 큰 종이와 펜

☐6. 7단원 포스터를 떼어서 보관하고 8단원 포스터를 걸어놓습니다.

☐7. 선택사항: 그룹 성경공부 때 부를 찬송가나 복음성가를 선곡하십시오. 그리고 그 곡이 녹음된 테이프와 녹음기를 준비하십시오.

☐8. 9단원에 대한 짧은 소개를 준비하십시오.

## 모임중에

### 준비활동

**1. 그룹원들이 도착하면 환영의 인사를 나눕니다.** 다른 사람들이 도착할 동안 미리 와 있는

그룹원들에게는 8단원 복습문제와 "나눔의 시간"에 토의할 학습문항들에 답해 놓도록 합니다.

2. **시작기도.** (소그룹) 하나님이 그룹원들을 인도하셔서 원하시는 대로 그들의 삶을 조정해 달라는 주제로 한 그룹원에게 기도하게 하십시오.

## 단원복습

1. **일곱 가지 실체.** (소그룹) 포스터를 걸어놓고 맨 위를 가리키며 한 명에게 첫번째 실체를 설명하게 합니다. 그 다음 사람에게 두번째 실체를 설명하게 하고 계속 돌아가면서 차례로 여섯번째 실체까지 설명하게 합니다. 다음 주에는 일곱번째 실체에 대해서 상세히 배울 것임을 상기시켜 주십시오.

2. **복습문제.** (소그룹) 복습문제에 나와 있는 질문들을 복습하고 필요하다면 토론하십시오. C 문항의 두 가지 질문에 대해 토의하십시오. 그리고 이렇게 묻습니다. 주님이 인도하시는 말씀을 들을 때까지 무엇을 해야 합니까? 그룹원들이 그에 대한 대답을 하면, 칠판이나 큰 종이에다 받아 적습니다.(대답: 기도하고, 환경을 주목하고, 다른 그리스도인들과 교제하거나 하나님이 말씀하신 바를 행합니다. 교재 254쪽)

3. **질문과 대답.** (소그룹) 자원자에게 다음의 질문에 대답하게 하십시오.
   a. 믿음을 나타내 보이기 위해서 필요한 것은 무엇입니까?(교재 228쪽)
   b. 성경 속의 인물 중 하나님의 뜻에 맞추어 자신의 삶을 조정한 사람들은 누구이며, 그들은 어떤 부분을 바로잡았습니까?(교재 229쪽)
   c. 삶을 조정할 것을 요구받았지만 거절한 성경 속의 인물은 누구입니까?(교재 231쪽)
   d. 하나님께 순종하기 위하여 당신이 조정해야만 하는 것에는 무엇이 있습니까?(교재 233쪽)
   e. 하나님은 자신의 목표를 따르게 하기 위해 사람들이 세운 계획이나 삶의 방향을 바꾸기도 하십니까?(교재 239-240쪽) 그렇다면 하나님께서 당신에게도 삶의 계획과 방향을 바꾸라고 요구하신다고 생각하십니까?(주의: 두번째 질문에 아니오라고 대답한 사람들이 있을 경우, 하나님은 언제나 조정을 요구하시며, 그들이 현재의 모습 그대로 있기를 원치 않으신다는 것을 알려주십시오.)

4. **포스터 토론.** (소그룹) 그룹원들에게 단원 포스터에 쓰여 있는 구절을 주의해서 읽게 한 후, 그 구절들이 각자에게 어떤 의미로 해석되는지 이야기하게 합니다. 하나님과 올바른 관계를 맺기 위해서 그들의 삶이 어떻게 바뀌어야 할 것인지에 대해 문제를 제기하십시오.

## 나눔의 시간

1. **성경암송.** (짝) 짝을 지어 누가복음 14:33을 암송한 뒤, 이 구절을 통해 지난 한 주간 하나님이 각자에게 어떻게 말씀하셨는지 나누게 합니다.

2. **생각나누기.** (네 명) 책을 펴고서 다음의 항목들에 각자 어떻게 답했는지 이야기를 나누십시오.
   - 이 단원을 통해 의미있었던 구절이나 성구, 그리고 하나님께 대한 당신의 응답기도는 어떤 것입니까? 교재 232, 237, 242, 250, 257쪽 중에서 찾아보십시오.
   - 이 책을 공부하면서 당신의 생각을 하나님께로 조

정한 것을 말해 보십시오.(교재 235쪽)

- 하나님이 당신에게 요구하신 가장 획기적인 조정은 무엇이었습니까?(교재 235쪽)
- 예수님께 대한 당신의 조정이나 순종이 매우 값비싼 것임을 경험한 적이 있다면 서로 나누십시오.(교재 241쪽)
- 교재 235-236쪽의 하나님의 사람들이 했던 말 중 가장 뜻있게 다가오는 문장과 그 이유는 무엇입니까?
- 하나님이 당신 교회에 요구하시는 기도생활과 조정은 어떤 것입니까?(교재 257쪽)

3. **주님의 역사하심 나누기.** (소그룹) 간증시간을 할애해서 다음과 같이 말합니다. 지난 한 주 동안 삶 속에서 하나님이 역사하신 특별한 사건이 있으면 서로 나누고 함께 주님을 찬양합시다.

4. **하나님께 집중하기.** (소그룹) 이렇게 질문하십시오.
   - 하나님과 하나님의 목적과 그분의 길에 대하여 이번 주에 당신이 알게 된 것은 무엇입니까?
   - 당신이 하나님에 대해서 그만큼 알게 되었다면 그분은 당신이 어떻게 응답하기를 원하실까요?

### 기도시간

1. **기도제목 나누고 기록하기.** (소그룹) 그룹원들에게 경건일기의 기도란을 펴게 하고 각자 개인적인 기도생활이나 교회에서의 기도생활에 대한 구체적인 기도제목을 나누게 합니다.

2. **기도.** (네 명) 소그룹에서 나누었던 기도제목을 가지고 네 명씩 조를 나누어 대화식 기도를 하게 합니다.

3. **기도의 삶.** (소그룹) 만약 어느 그룹원이 교회에서의 기도생활에 부담을 안고 있다면 이 과정이 끝난 후에 「기도의 삶: 하나님과 교제하며 동행하는 삶」(요단출판사 역간)을 공부해 보라고 권하십시오. 이 책에서는 교회의 기도생활에 대해 특별한 관심을 주목시키고 있습니다.(7단원–"함께 기도하기", 13단원–"기도사역의 확립")

### 찬양시간

**특별찬양 순서.** (소그룹) 하나님께 순종하거나 조정하는 것에 관한 찬양을 부르든지 테이프를 듣습니다.

### 마침순서

1. (소그룹) **이 모임을 가지면서 마음에 떠올랐던 질문이나 관심사들을 돌이켜봅니다.** 다음 한 주 동안 이러한 관심사와 질문에 대한 해답을 얻기 위해 기도하도록 당부하십시오.

2. **9단원 예습.** (소그룹) 다음 단원의 핵심은 순종입니다. 몇몇 그룹원은 자기 스스로 정해 놓은 순종의 기준이 있기 때문에 9단원 학습이 매우 어려울 수도 있습니다. 그 때 당신은 그들에게 용기와 격려의 말을 해주어야 합니다. 마태복음 28:18-20을 읽고, 교회의 사명 중 하나는 성도들이 순종하도록 돕는 것임을 가르쳐 주십시오. 9단원에서는 순종이라는 영역에 관하여 그룹원들이 서로 돕고 격려하며 기도하게 될 것이라고 말하십시오.

3. **기도.** (네 명) 네 명이 손을 잡고 자신의 삶을 하나님의 뜻에 맞게 조정하는 내용의 기도를 드립니다. 그리스도의 주 되심에 온전히 굴복하

는 기도를 드리도록 북돋워 주십시오. 기도가 먼저 끝나면 다른 사람들에게 방해가 되지 않게 조용히 가도록 미리 말해 두십시오.

## 모임 후에

1. 당신의 경건일기에 그룹원들을 위해 구체적으로 어떻게 기도할 것인지 기록해 두십시오. 어떤 한 사람을 위해 특별히 기도할 필요가 있다고 생각하십니까? 그렇다면 그를 위해 무엇을 기도할 것인지 적어놓으십시오.

2. 인도자는 다음 질문에 간단히 답하든지 아니면 다른 종이에 적으십시오.

   - 이번 주 모임에서 부족했던 것은 무엇이며, 다음 모임을 위해 어떠한 영적, 정신적 준비가 필요한가?

   - 나눔과 토론시간에 더욱 활발히 참여시켜야 할 그룹원은 누구이며, 언제 어떤 방법으로 그를 격려할 것인가?

   - 그룹원들의 필요와 성령님의 인도에 더욱 적절히 반응했어야 했던 때는 언제였는가?

   - 정해진 시간에 시작하고 끝마칠 수 있었는가?

   - 편지를 써서 격려해 주어야 할 그룹원은 누구인가? 언제 할 것인가?

3. 다음 모임을 위해 9단원의 "모임 전에"를 읽으십시오.

# 제9단원 순종을 통해 하나님을 경험함

**단원목표**

이 단원은 그룹원들에게 :

- 하나님을 경험하는 삶의 일곱 가지 실체를 순서대로 설명할 수 있도록 해주고
- 순종의 중요성과 의미를 깨닫게 하고
- 그리스도인으로 성숙되는 것이 왜 종종 더디게 이루어지는지를 설명할 수 있게 하며
- 개인적으로 하나님을 경험한 것들을 서로 나눔으로써 하나님을 경배하는 것을 표현할 수 있게 도와줍니다.

## 모임 전에

☐ 1. 교재에 있는 학습문제들에 빠짐없이 답해놓습니다.

☐ 2. 성경공부를 준비하면서 하나님의 인도하심을 구하는 기도를 드리되, 그룹원 한 사람 한 사람을 떠올리면서 구체적으로 기도하십시오.

☐ 3. "모임중에"를 읽고서 당신이 인도하는 그룹에 가장 적합한 활동들을 선택하십시오. 또 모임에 사용함으로 큰 효과를 가져올 수 있다고 생각되는 다른 활동들을 개발하여 적용해도 됩니다.

☐ 4. 각 활동마다 소요되는 시간을 정해서 그 시작 시간을 책의 여백에 써놓으십시오. 성령님께서 모임중에 당신이나 그룹원들에게 다른 방향으로 진행할 것을 지시하실 때는 언제든지 계획을 바꿀 마음의 준비를 하십시오.

☐ 5. 다음의 자료들을 준비하되, 모임에 필요하다고 생각되어 당신이 개발한 다른 자료들이 있다면 포함시켜도 좋습니다.

- 9단원 복습문제와 나눔의 시간 주제가 적힌 종이를 그룹원 수만큼 준비합니다.

☐ 6. 8단원 포스터를 떼어서 보관하고 9단원 포스터를 걸어놓습니다.

☐ 7. 신택사항: 그룹 성경공부 때 부를 찬송가나 복음성가를 선곡하십시오. 그리고 그 곡이 녹음된 테이프와 녹음기를 준비하십시오.

☐ 8. 10단원에 대한 짧은 소개를 준비하고, 특별히 이번 주는 교회를 위해서 기도하도록 준비하십시오.

## 모임중에

### 준비활동

1. **그룹원들이 도착하면 환영의 인사를 나눕니다.** 다른 사람들이 도착할 동안 미리 와 있는

그룹원들에게는 9단원 복습문제와 "나눔의 시간"에 토의할 학습문항들에 답해 놓도록 합니다.

2. **시작기도.** (소그룹) 시편 119 : 33-35(교재 265쪽)의 '나', '나의'를 '우리', 우리의'로 바꿔 읽음으로 그룹의 공동기도가 되게 합니다. 그룹원들이 목소리를 맞추어 다음의 기도를 함께 드리도록 합니다. 우리가 주님을 사랑하기 때문에 당신께 순종하겠습니다.

### 단원복습

1. **일곱 가지 실체.** (짝) 그룹원들에게 두 명씩 짝지은 후 상대방에게 일곱 가지 실체에 대해 설명하라고 합니다. 필요할 때 참고할 수 있도록 포스터를 걸어놓습니다.

2. **하나님의 방식.** (소그룹) 짝끼리 설명하는 것이 끝나면, 그룹원들에게 이 일곱 가지 실체가 따라야 할 방법이나 단계가 아니라는 것을 상기시켜 주십시오. 이 일곱 가지 실체들은 하나님이 그의 사람들과 함께 일하시는 한 모형을 설명해 준 것입니다. 항상 그가 주도권을 갖고 계십니다. 우리들은 하나님의 목적을 성취하는 데 주도권을 갖지 못합니다. 이렇게 말하십시오. 이 일곱 가지 실체를 공부하는 동안 여러분은 삶 속에서 하나님이 활동하시는 것을 확인할 수 있었을 것입니다. 이제 하나님께서 주도권을 가지고서 여러분을 그의 일에 동참시키고자 하실 때, 여러분은 믿음으로 행동하고, 삶의 목표를 조정하고 그에게 순종함으로써 하나님께 응답할 수 있으리라고 저는 확신합니다.

3. **질문과 대답.** (소그룹) 자원자에게 다음의 질문에 답하게 하십시오.
   a. 순종이 얼마나 중요합니까?(교재 264쪽)
   b. 순종의 의미는 무엇입니까?(교재 266쪽)
   c. 어떤 사람이 만약 하나님께 불순종했을 때 하나님은 그에게 두번째 기회를 주실까요? 당신의 생각은 어떤지 설명해 보십시오.(교재 268-269쪽)
   d. 사람들을 성숙시키는 데 있어 때때로 하나님은 왜 그렇게 느리게 역사하실까요?(교재 280쪽)
   e. 하나님의 뜻에 대해 문이 닫힌 것처럼 보이는 환경에 부딪쳤을 때, 당신이 할 것 같은 일들은 어떤 것들입니까?(교재 284쪽)

4. **포스터 토론.** (소그룹) 그룹원들에게 단원 포스터에 쓰여 있는 구절을 주의해서 읽게 한 후, 그 구절들이 각자에게 어떤 의미로 해석되는지 이야기하게 합니다. 하나님과 올바른 관계를 맺기 위해서 그들의 삶이 어떻게 바뀌어야 할 것인지에 대해 문제를 제기하십시오.

### 나눔의 시간

1. **성경암송.** (짝) 짝을 지어 요한복음 14:23을 암송한 뒤, 이 구절을 통해 지난 한 주간 하나님이 각자에게 어떻게 말씀하셨는지 나누게 합니다.

2. **생각나누기.** (짝) 책을 펴고서 다음의 항목들에 각자 어떻게 답했는지 이야기를 나누십시오.
   - 교재 261쪽의 서술 중 당신이 하나님을 사랑하고 순종하는 데 영향을 끼쳤던 말은 무엇입니까?
   - 당신이 경험으로 알게 된 하나님의 이름들을 써보십시오.(교재 279쪽)
   - 교재 267쪽의 A-G 문항에 대한 답을 써보십시오.

- 교재 273-274쪽의 서술 중 특별히 당신에게 의미 있는 문장은 무엇입니까?
- 이 단원을 통해 의미있었던 구절이나 성구, 그리고 하나님께 대한 당신의 응답기도는 어떤 것입니까? 교재 265, 271, 277, 287쪽 중에서 찾아보십시오.

3. **하나님께 집중하기.** (소그룹) 이렇게 질문하십시오.
    - 하나님과 하나님의 목적과 길에 대하여 이번 주에 당신이 알게 된 것은 무엇입니까?
    - 당신이 하나님에 대해서 그만큼 알게 되었다면 그분은 당신이 어떻게 응답하기를 원하실까요?

4. **주님의 역사하심 나누기.** (소그룹) 간증시간을 할애해서 다음과 같이 말합니다. 지난 한 주 동안 삶 속에서 하나님이 역사하신 특별한 사건이 있으면 서로 나누고 함께 주님을 찬양합시다.

### 기도시간

1. **기도제목 나누고 기도하기.** (짝) 하나님께 순종하기 위해 현재 자신이 겪고 있는 갈등과 하나님이 인도하셔서 마침내 순종하게 된 일에 대해서 한 가지씩 짝에게 이야기하도록 합니다. 그리고 나서, 서로 상대방이 하나님께 순종하는 삶을 사는 데 요구되는 구체적인 것들에 대해 기도해 주도록 하십시오.

2. **기도제목 기록.** (소그룹) 그룹원들이 기도를 마치면 이렇게 제안하십시오. 경건일기의 기도란을 펴서 기도제목들을 적고 짝을 위해 기도할 때 하나님이 어떻게 인도하셨는지 기록하십시오.

### 찬양시간

**특별찬양 순서.** (소그룹) 순종이나 역사하시는 하나님에 관한 찬양을 부르거나 테이프를 함께 듣습니다.

### 마침순서

1. (소그룹) **이 모임을 가지면서 마음에 떠올랐던 질문이나 관심사들을 돌이켜봅니다.** 다음 한 주 동안 이러한 관심사와 질문에 대한 해답을 얻기 위해 기도하도록 당부하십시오.

2. **10단원 예습.** (소그룹) 교회가 어떻게 하나님의 뜻을 이해하고 그것을 행하게 되는지에 특별히 관심을 주목하십시오.

3. **기도.** (소그룹) 자원자로 하여금 주님의 절대적인 주 되심에 헌신하는 기도를 드리게 하십시오. 더불어 10단원에서도 하나님께서 우리에게 깨달음을 주시고, 우리 교회가 하나님의 뜻을 알고 행할 수 있도록 도와주시기를 구하는 기도를 드리십시오.

## 모임 후에

1. 당신의 경건일기에 그룹원들을 위해 구체적으로 어떻게 기도할 것인지 기록해 두십시오. 어떤 한 사람을 위해 특별히 기도할 필요가 있다고 생각하십니까? 그렇다면 그를 위해 무엇을 기도할 것인지 적어놓으십시오.

2. 인도자는 다음에 간단히 답하든지 아니면 다른 종이에 적으십시오.

- 이번 주 모임에서 부족했던 것은 무엇이며, 다음 모임을 위해 어떠한 영적, 정신적 준비가 필요한가?

- 나눔과 토론시간에 더욱 활발히 참여시켜야 할 그룹원은 누구이며, 언제 어떤 방법으로 그를 격려할 것인가?

- 그룹원들의 필요와 성령님의 인도에 더욱 적절히 반응했어야 했던 때는 언제였는가?

- 정해진 시간에 시작하고 끝마칠 수 있었는가?

- 이번 주에 전화를 걸어서 격려하고 기도하고 지도하고 상담해 주어야 할 그룹원은 누구인가?(하나님께 순종하기 위해 자신과의 치열한 싸움을 하고 있는 사람을 생각해 내십시오.) 언제 전화할 것인가?

3. 다음 모임을 위해 10단원의 "모임 전에"를 읽으십시오.

# 제10단원 하나님의 뜻과 교회

**단원목표**

이 단원은 그룹원들에게 :

- 하나님이 교회를 향해 갖고 계신 관심에 대한 성경구절들을 찾아보고
- 하나님의 뜻을 알아가는 데 있어서 교회와 개인이 어떻게 다른지 구별하고
- 교회에서 함께 신앙생활하는 신자들을 위한 성경적인 교훈을 적용하게 하고
- 교회와 그 지도자들을 위해 기도함으로 교회에 대한 사랑을 표현합니다.

## 모임 전에

☐ 1. 교재에 있는 학습문제들에 빠짐없이 답해 놓습니다.

☐ 2. 성경공부를 준비하면서 하나님의 인도하심을 구하는 기도를 드리되 그룹원 한 사람 한 사람을 떠올리면서 구체적으로 기도하십시오. 교회를 위해서도 기도하십시오. 특별히 이번 모임에서는 교회의 머리이신 그리스도께 초점을 맞춤으로 그룹원들의 믿음이 성숙되는 시간이 되게 해달라고 기도합니다.

☐ 3. "모임중에"를 읽고서 당신이 인도하는 그룹에 가장 적합한 활동들을 선택하십시오. 또 모임에 사용함으로 큰 효과를 가져올 수 있다고 생각되는 다른 활동들을 개발하여 적용해도 됩니다.

☐ 4. 각 활동마다 소요되는 시간을 정해서 그 시작 시간을 책의 여백에 써놓으십시오. 성령님께서 모임중에 당신이나 그룹원들을 통해 다른 방향으로 진행할 것을 지시하실 때는 언제든지 계획을 바꿀 마음의 준비를 하십시오.

☐ 5. 10단원 복습문제와 나눔의 시간 주제가 적힌 종이를 그룹원 수만큼 준비하고, 당신이 계획한 다른 활동이 있으면 함께 준비해 놓으십시오.

☐ 6. 9단원 포스터를 떼어서 보관하고 10단원 포스터를 걸어놓습니다.

☐ 7. 선택사항: 그룹 성경공부 때 부를 찬송가나 복음성가를 선곡하십시오. 그리고 그 곡이 녹음된 테이프와 녹음기를 준비하십시오.

☐ 8. 11단원에 대한 짧은 소개를 준비하십시오.

## 모임중에

### 준비활동

**1. 그룹원들이 도착하면 환영의 인사를 나눕니**

다. 다른 사람들이 도착할 동안 미리 와 있는 그룹원들에게는 10단원 복습문제와 "나눔의 시간"에 토의할 학습문항들에 답해 놓도록 합니다.

2. **시작기도.** (소그룹) 이 단원 공부를 통해서 교회와 각 그룹원들이 건강한 "그리스도의 지체"로 성숙될 수 있도록 도와달라고 기도합니다.

### 단원복습

1. **복습문제.** (소그룹) 복습문제 A의 답을 검토하고 필요하다면 토론하십시오. B는 "나눔의 시간"에 토의하십시오.

2. **질문과 대답.** (소그룹) 자원자에게 다음의 질문에 대답하게 하십시오.

   a. 개인이 하나님의 뜻을 알아가는 과정은 교회의 그것과 어떻게 다릅니까?(교재 294쪽)

   b. 교회의 지체들이 하나님이 그 교회가 어떤 교회가 되어야 하며 또 어떤 일을 하기 원하시는가에 대한 생각을 나눌 때는 언제입니까?(교재 295쪽)

   c. 당신의 교회는 무엇을 결정할 때 어떻게 합니까?(교재 297쪽)

   d. 하나님의 뜻과 그것을 행할 시기를 교회에 확신있게 알려야 할 책임은 누구에게 있습니까?(교재 298-299쪽)

   e. 사무처리회에서 사람의 의견이 아닌 하나님의 뜻을 분별하기 위해 사용할 수 있는 질문은 어떤 것이 좋습니까?(교재 299-300쪽)

   f. 영적인 은사란 무엇입니까?(교재 308쪽)

   g. 교회가 한 지체로서의 기능을 하는 데 필요한 성경의 원리들은 무엇입니까?(교재 311-312쪽)

   h. 교회 구성원들간의 관계에 대한 하나님의 뜻에 대해 성경은 무엇이라고 말하고 있습니까?(교재 318쪽)

3. **포스터 토론.** (소그룹) 그룹원들에게 단원 포스터에 쓰여 있는 구절들을 주의해서 읽게 한 후, 그 구절들이 각자에게 어떤 의미로 해석되는지 이야기하게 합니다. 하나님과 올바른 관계를 맺기 위해서 그들의 삶이 어떻게 바뀌어야 할 것인지에 대해 문제를 제기하십시오.

### 나눔의 시간

1. **생각나누기.** (소그룹) 책을 펴고서 다음의 항목들에 각자 어떻게 답했는지 이야기를 나누십시오.
   - 하나님은 당신의 교회가 결정을 내리는 방법에 대해서 뭐라고 말씀하십니까?(교재 303쪽)
   - 지침서 10단원 복습문제에 있는 B항의 두 질문에 대해 나누십시오.
   - 예수님의 몸에서 당신이 효과적으로 제구실을 하는 데 도움을 줄 만한 것들을 써보십시오.(교재 314쪽)
   - 교재 316쪽에 있는 1-3의 문항들에 대해 답하십시오.
   - 로마서 12장과 고린도전서 12장을 읽고, 하나님이 당신과 당신의 교회가 그리스도의 몸으로 어떻게 제구실을 할 수 있을지에 대해서 말씀하시는 바를 써보십시오.(교재 305-306, 322쪽).
   - 이 단원을 통해 의미있었던 구절이나 성구, 그리고 하나님께 대한 당신의 응답기도는 어떤 것입니까? 교재 296, 303, 310, 316, 325쪽 중에서 찾아보십시오.

2. **하나님께 집중하기.** (짝) 이렇게 질문하십시오.
   - 하나님과 하나님의 목적과 길에 대해 이번 주에 당신이 알게 된 것은 무엇입니까?

• 당신이 하나님에 대해 그만큼 알게 되었다면 그분은 당신이 어떻게 응답하기를 원하실까요?

3. **주님의 역사하심 나누기.** (소그룹) 간증시간을 할애해서 다음과 같이 말합니다. 지난 한 주 동안 삶 속에서 하나님이 역사하신 특별한 사건이 있으면 서로 나누고 함께 주님을 찬양합시다.

4. **성경암송.** (네 명) 로마서 12:5을 암송한 뒤 지난 한 주간 하나님이 각자에게 어떻게 말씀하셨는지 나누게 합니다.

### 기도시간

1. **기도제목 나누고 기도하기.** (네 명) 그룹원들이 교회에 갖고 있는 관심사를 서로 나눕니다. 그리고 하나님께서 인간이 원하는 바와 상관없이 자신의 뜻을 교회에 확실히 보여주실 것을 기도하게 하십시오.

2. **기도제목 기록.** (소그룹) 모두 기도를 끝내면 이렇게 말합니다. 경건일기의 기도란을 펴서 기도제목들을 적고 여러분이 교회를 위해 기도하도록 하나님이 어떻게 인도하셨는지 기록하십시오.

### 찬양시간

**특별찬양 순서.** (소그룹) 교회에 관한 찬양을 부르거나 테이프를 듣습니다.

### 마침순서

1. (소그룹) **이 모임을 가지면서 마음에 떠올랐던 질문이나 관심사들을 돌이켜봅니다.** 다음 한 주 동안 이러한 관심사와 질문에 대한 해답을 얻기 위해 기도하도록 당부하십시오.

2. **11단원 예습.** (소그룹) 교회 안의 형제, 자매들간의 관계가 우리와 하나님과의 관계를 비춰주는 거울임을 주지시킵니다.

3. **기도.** (소그룹) 교회와 교회 지도자들이 그리스도의 지체로서의 역할을 잘하도록 도와달라고 기도하십시오.

## 모임 후에

1. 당신의 경건일기에 그룹원들을 위해 구체적으로 어떻게 기도할 것인지 기록해 두십시오. 어떤 한 사람을 위해 특별히 기도할 필요가 있다고 생각하십니까? 그렇다면 그를 위해 무엇을 기도할 것인지 적어놓으십시오.

2. 인도자는 다음 질문에 간단히 답하든지 아니면 다른 종이에 적으십시오.

   - 이번 주 모임에서 부족했던 것은 무엇이며, 다음 모임을 위해 어떠한 영적, 정신적 준비가 필요한가?

   - 나눔과 토론시간에 더욱 활발히 참여시켜야 할 그룹원은 누구이며, 언제 어떤 방법으로 그를 격려할 것인가?

- 그룹원들의 필요와 성령님의 인도에 더욱 적절히 반응했어야 했던 때는 언제였는가?

- 정해진 시간에 시작하고 끝마칠 수 있었는가?

- 이번 주에 개인적으로 만나서 격려와 기도, 상담을 해주어야 할 그룹원은 누구이며, 언제 할 것인가?

3. 다음 모임 준비를 위해 11단원의 "모임 전에"를 읽으십시오.

# 제11단원 하나님 나라 시민들

**단원목표**

이 단원은 그룹원들에게 :

- 지역교회가 어떻게 해서 세계선교전략센터가 될 수 있는지 알려주고
- 하나님 나라의 원리와 진리들을 각 교회에 적용하도록 하며
- 코이노니아에 대해 정의하고, 다른 그리스도인과 교회들간의 관계에 그것을 어떻게 적용하는지 알려주고
- 기도를 통해 교회에 코이노니아를 충분히 활용하여 의욕을 갖도록 해줍니다.

## 모임 전에

□ 1. 교재에 있는 학습문제들에 빠짐없이 답해 놓습니다.

□ 2. 성경공부를 준비하면서 하나님의 인도하심을 구하는 기도를 드리되, 그룹원 한 사람 한 사람을 떠올리면서 구체적으로 기도하십시오.

□ 3. "모임중에"를 읽고서 당신이 인도하는 그룹에 가장 적합한 활동들을 선택하십시오. 또 모임에 사용함으로 큰 효과를 가져올 수 있다고 생각되는 다른 활동들을 개발하여 적용해도 됩니다.

□ 4. 각 활동마다 소요되는 시간을 정해서 그 시작 시간을 책의 여백에 써놓으십시오. 성령님께서 모임중에 당신이나 그룹원들을 통해 다른 방향으로 진행할 것을 지시하실 때는 언제든지 계획을 바꿀 마음의 준비를 하십시오.

□ 5. 다음의 자료들을 준비하되 모임에 필요하다고 생각되어 당신이 개발한 다른 자료들이 있다면 포함시켜도 좋습니다.

- 11단원 복습문제와 나눔의 시간 주제가 적힌 종이 - 그룹원 수만큼.
- 단원복습 시간에 쓸 백지 - 그룹원 수만큼.
- "하나님을 경험하는 삶 성경공부 과정 평가" - 그룹원 수만큼.

□ 6. 10단원 포스터를 떼어서 보관하고 11단원 포스터를 걸어놓습니다.

□ 7. 선택사항: 그룹 성경공부 때 부를 찬송가나 복음성가를 선곡하십시오. 그리고 그 곡이 녹음된 테이프와 녹음기를 준비하십시오.

□ 8. 12단원에 대한 짧은 소개를 준비하십시오.

## 모임중에

### 준비활동

**1. 그룹원들이 도착하면 환영의 인사를 나눕니**

**다.** 다른 사람들이 도착할 동안 미리 와 있는 그룹원들에게는 11단원 복습문제와 "나눔의 시간"에 토의할 학습문항들에 답해 놓도록 합니다.

2. **시작기도.** (소그룹) 당신의 교회가 세계선교전략 센터가 되게 인도해 주실 것을 기도하십시오.

## 단원복습

1. **질문과 대답.** (소그룹) 자원자에게 다음의 질문에 대답하게 합니다.
   a. 지역교회가 어떻게 세계선교전략센터가 될 수 있습니까?(교재 328-334쪽)
   b. 하나님께서는 하나님 나라의 목적을 어떻게 성취시키십니까?(교재 335쪽)
   c. 다음의 비유가 하나님 나라에 대해서 가르치는 것을 한 가지 이상 말해 보십시오. 각각의 비유가 우리의 교회에 가지는 의미는 무엇입니까?(교재 336-339쪽)
   - 곡식과 가라지
   - 겨자씨
   - 누룩
   - 밭에 감추인 보화와 진주
   - 달란트

   d. "코이노니아"란 무엇입니까?(교재 345쪽)
   e. 고린도전서 13장에 묘사된 사랑이란 무엇이며, 사랑이 아닌 것은 무엇입니까?(교재 348-349쪽)
   f. 우리가 예수님의 제자라는 사실을 사람들이 어떻게 알 수 있습니까?(요 13 : 35, 교재 349쪽)
   g. 교회들간의 관계에 코이노니아를 적용시키는 방법을 말해 보십시오.(교재 351-357쪽)

2. **포스터 토론.** (소그룹) 그룹원들에게 단원 포스터에 쓰여 있는 구절을 주의해서 읽게 한 후, 그 구절들이 각자에게 어떤 의미로 해석되는지 이야기하게 합니다. 하나님과 올바른 관계를 맺기 위해서 그들의 삶이 어떻게 바뀌어야 할 것인지에 대해 문제를 제기하십시오.

## 나눔의 시간

1. **세계선교전략센터.** (소그룹) 교재 332-333쪽을 펴게 하고 이렇게 질문하십시오.
   - 하나님께서는 우리 교회를 세계선교전략센터로 사용하시기 위해 어떤 일을 하기 원하시며 또 하고 계십니까?
   - 하나님께서 우리 지체에 보내주신 사람들 중 세계선교를 위해 사용하고 싶어하시는 사람들이 있습니까? 있다면 그는 누구이며, 하나님께서는 그를 어떤 방법으로 쓰시기 원하십니까?

   주의: 나눔의 시간을 통해 하나님께서 어떤 사람들을 특별히 마음에 상기시켜 주시면 그룹원들과 함께 그들의 심중을 파악할 수 있는 질문들을 하십시오(교재 123쪽 참조). 하나님께서 이미 그들의 삶에 일하고 계신지, 그리고 교회의 다른 성도들이 그들을 도움으로써 함께 사용하고자 원하시는지를 살펴보십시오.

2. **생각나누기.** (짝) 책을 펴고서 다음의 항목들에 각자 어떻게 답했는지 이야기를 나누십시오.
   - 지침서 11단원 복습문제에 있는 B항 질문들에 대해 나누십시오.
   - 하나님이 당신의 관심을 집중시킨 원리와, 이 원리가 당신의 삶에 적용되려면 하나님이 우리에게 어떤 변화를 일으키기 원하실까요?(교재 343쪽)
   - 교재 344쪽의 이 과의 요점을 두 가지로 요약해 써 보십시오.

- 이 단원을 통해 의미있었던 구절이나 성구, 그리고 하나님께 대한 당신의 응답기도는 어떤 것입니까? 교재 333, 340, 344, 350, 358쪽 중에서 찾아보십시오.

3. **성경암송.** (짝) 짝을 지어 요한일서 1:7을 암송한 뒤 이 구절을 통해 지난 한 주간 하나님이 각자에게 어떻게 말씀하셨는지 나누게 합니다.

4. **하나님께 집중하기.** (소그룹) 이렇게 질문하십시오.
   - 하나님과 하나님의 목적과 길에 대해 이번 주에 당신이 알게 된 것은 무엇입니까?
   - 당신이 하나님에 대해 그만큼 알게 되었다면 그분은 당신이 어떻게 응답하기를 원하실까요?

5. **주님의 역사하심 나누기.** (소그룹) 간증시간을 할애해서 다음과 같이 말합니다. 지난 한 주 동안 삶 속에서 하나님이 역사하신 특별한 사건이 있으면 서로 나누고 함께 주님을 찬양합시다.

## 기도시간

1. **기도제목 나누고 기도하기.** (소그룹) 기도제목을 나눈 후, 이번 주 성경공부를 하면서 마음에 떠오른 중요한 관심사에 대해 통성기도하게 하십시오. 하나님께 개인적인 응답을 구하는 기도를 드릴 수도 있고, 교회나 다른 그리스도인을 위해 기도할 수도 있고, 교회가 하나님 나라의 원리들을 따를 수 있도록 해달라고 기도할 수도 있습니다.

2. **기도제목 기록.** (소그룹) 그룹원들이 기도를 마치면 이렇게 제안하십시오. 경건일기의 기도란을 펴서 기도제목들을 적고, 여러분 자신과 교회를 위해 기도할 때 하나님이 어떻게 인도하셨는지 기록하십시오.

## 찬양시간

**특별찬양 순서.** (소그룹) 하나님 나라 안에서의 일치와 사귐, 그리고 선교에 관한 찬양을 부르거나 테이프를 듣습니다.

## 마침순서

1. (소그룹) **이 모임을 가지면서 마음에 떠올랐던 질문이나 관심사들을 돌이켜봅니다.** 다음 한 주 동안 이러한 관심사와 질문에 대한 해답을 얻기 위해 기도하도록 당부하십시오.

2. **12단원 예습.** (소그룹) 코이노니아를 유지시키기 위한 필수적 요소들을 주의해서 보게 하십시오.

3. **성경공부 과정평가.** (소그룹) "하나님을 경험하는 삶 성경공부 과정평가"를 한 부씩 나누어 줍니다. 이것을 통해 당신은 인도자로서 소그룹을 인도하는 데 있어서 어떤 지침을 얻을 수 있습니다. 평가지에는 기록자의 이름을 기입하지 않아도 되고, 이것을 다음 시간에 회수할 것이라고 그룹원들에게 이야기하십시오.

4. **날짜 정하기.** (소그룹) 2주나 4주 후쯤에 모든 그룹원들이 모일 수 있는 날짜를 정하십시오. 만약 정하지 못했다면 다음 주에 다시 상의할 것임을 알려주십시오. 이것은 모든 그룹원들이 비공식적으로 하루 모여서 기도와 나눔의

시간을 가지기 위한 것입니다.

5. **기도.** (소그룹) 우리의 교회가 코이노니아의 모든 차원들을 경험하고 세계선교전략센터가 되기를 기도하십시오.

## 모임 후에

1. 당신의 경건일기에 그룹원들을 위해 구체적으로 어떻게 기도할 것인지 기록해 두십시오. 어떤 한 사람을 위해 특별히 기도할 필요가 있다고 생각하십니까? 그렇다면 그를 위해 무엇을 기도할 것인지 적어놓으십시오.

2. 인도자는 다음 질문에 간단히 답하든지 아니면 다른 종이에 답을 적으십시오.

   - 이번 주 모임에서 부족했던 것은 무엇이며, 다음 모임을 위해 어떠한 영적, 정신적 준비가 필요한가?

   - 나눔과 토론시간에 더욱 활발히 참여시켜야 할 그룹원은 누구이며, 언제 어떤 방법으로 그를 격려할 것인가?

   - 그룹원들의 필요와 성령님의 인도에 더욱 적절히 반응했어야 했던 때는 언제였는가?

   - 정해진 시간에 시작하고 끝마칠 수 있었는가?

   - 이번 주에 전화로 격려와 기도, 가르치고, 상담해 주어야 할 그룹원은 누구이며, 언제 할 것인가?

3. 다음 모임 준비를 위해 12단원의 "모임 전에"를 읽으십시오.

# 제12단원 하나님과의 지속적인 교제

**단원목표**

이 단원은 그룹원들에게 :

- 코이노니아의 네 가지 본질이 무엇인지를 설명할 수 있게 해주고
- 죄를 의식했을 때 어떻게 반응할 것인지 그리고 그것에 대한 하나님의 구제책을 설명하게 하며
- 죄로 멀어진 형제를 다시 찾는 예수님의 네 단계를 알려주고
- 다른 그리스도인들이 사랑과 선행을 하도록 북돋워주는 방법을 말해 주며
- 그룹원들의 영적 성장과 성숙을 위해 서로 기도하겠다는 헌신을 하게끔 합니다.

## 모임 전에

□ 1. 교재에 있는 학습문제들에 빠짐없이 답해 놓습니다.

□ 2. 성경공부를 준비하면서 하나님의 인도하심을 구하는 기도를 드리되, 그룹원 한 사람 한 사람을 떠올리면서 구체적으로 기도하십시오.

□ 3. "모임중에"를 읽고서 당신이 인도하는 그룹에 가장 적합한 활동들을 선택하십시오. 또 모임에 사용함으로 큰 효과를 가져올 수 있다고 생각되는 다른 활동들을 개발하여 적용해도 됩니다.

□ 4. 각 활동마다 소요되는 시간을 정해서 그 시작 시간을 여백에 써놓으십시오. 성령님께서 모임중에 당신이나 그룹원들을 통해 다른 방향으로 진행할 것을 지시하실 때는 언제든지 계획을 바꿀 마음의 준비를 하십시오.

□ 5. 다음의 자료들을 준비하되 모임에 필요하다고 생각되어 당신이 개발한 다른 자료들이 있다면 포함시켜도 좋습니다.

- 12단원 복습문제와 나눔의 시간 주제가 적힌 종이 - 그룹원 수만큼.
- 칠판과 분필 또는 큰 종이와 펜.
- 혹시 잊어버리고 가져오지 않은 사람을 위해서 지난 주에 나눠준 "하나님을 경험하는 삶 성경공부 과정 평가"를 몇 부 더 준비합니다.

□ 6. 11단원 포스터를 떼어서 보관하고 12단원 포스터를 걸어놓습니다.

□ 7. 최종 모임날짜를 정하십시오. 이 때 교회 일정과 겹치지 않도록 교회 담당자와 잘 상의한 후에 결정하십시오.

□ 8. 선택사항: 그룹 성경공부 때 부를 찬송가나 복음성가를 선곡하십시오. 그리고 그 곡이 녹음된 테이프와 녹음기를 준비하십시오.

# 모임중에

## 준비활동

1. **그룹원들이 도착하면 환영의 인사를 나눕니다.** 다른 사람들이 도착할 동안 미리 와 있는 그룹원들에게는 12단원 복습문제를 나누어 주십시오. A문항을 끝내면 곧바로 짝과 함께 B문항을 하게 하십시오. "나눔의 시간"에 토의할 학습문항들의 답도 적도록 합니다. 그리고 지난 주에 나누어 주었던 "하나님을 경험하는 삶 성경공부 과정평가"를 걷습니다.

2. **시작기도.** (소그룹) 하나님께서 허락하신 코이노니아를 감사하는 기도로 시작합니다.

## 단원복습

1. **복습문제.** (소그룹) 네 가지 본질을 복습합니다. 자원자에게 각각 한 가지씩 설명하도록 합니다.

2. **질문과 대답.** (소그룹) 자원자에게 다음의 질문에 대답하게 합니다.
   a. 성경에서 하나님이 그분의 얼굴을 가리셨다는 표현이 나올 때, 어떤 의미로 쓰였습니까?(교재 362쪽)
   b. 다음의 질문을 칠판이나 큰 종이에 쓰십시오. 죄에 대한 하나님의 구제책을 구하기 위해 사람들이 해야 하는 일은 무엇입니까?(교재 364쪽)
   c. 하나님과의 사랑의 관계를 위협할 만한 요소는 무엇입니까?(교재 367쪽)
   d. 그리스도의 통치를 방해하는 요소가 어떻게 교회 안에서 코이노니아를 위협합니까?(교재 370쪽)
   e. 한 교회에서 하나님과의 실제적이고 개인적인 만남을 대치할 만한 것은 무엇입니까?(교재 374쪽)
   f. 교회로 하여금 의지하고자 하는 유혹을 자아내는 것이나 사람은 누구입니까?(교재 374쪽)
   g. 그리스도의 몸 안에서 예수님을 따르는 것이 혼자서 성숙을 추구하는 것보다 훨씬 나은 이유는 무엇입니까?(교재 379쪽)
   h. "하나님을 경험하는 삶" 교재를 혼자 공부한 것보다 모임을 통해 공부한 것이 당신의 영적인 성장에 어떻게 도움을 주었습니까?(교재 380쪽)
   i. 예수님이 죄로 멀어진 형제를 다시 찾는 네 가지 단계는 무엇입니까?(교재 383쪽)

## 나눔의 시간

1. **성경암송.** (짝) 짝을 지어 히브리서 10 : 24-25을 암송한 뒤 이 구절을 통해 지난 한 주간 하나님이 각자에게 어떻게 말씀하셨는지 나누게 합니다.

2. **생각나누기.** (소그룹) 책을 펴고서 다음 항목들에 각자 어떻게 답했는지 이야기를 나누십시오.
   - 이 단원을 통해 의미있었던 구절이나 성구, 그리고 하나님께 대한 당신의 응답기도는 어떤 것입니까? 교재 364, 370, 376, 384쪽 중에서 찾아보십시오.
   - 다른 신자들이 선행을 하도록 당신이 격려할 수 있는 방법을 써보십시오.(교재 380쪽)
   - 교재 385-386쪽에 있는 B-G 문항들에 대해 답해 보십시오.
   - 교재 386-387쪽에 있는 H-I 문항들에 대해 답하고, 그렇게 응답한 이유는 무엇입니까?

## 기도시간

**기도제목 나누고 기도하기.** (네 명) 교재 387쪽을 펴놓게 합니다. J와 K 항목에 대한 답을 서로 나누게 합니다. 한 사람이 자기의 생각을 말하면, 세 명은 그를 위해 기도하도록 합니다. 그의 차례가 끝나면 똑같은 방법으로 계속 진행합니다. 이렇게 네 사람의 차례가 다 돌아갈 때까지 계속하십시오.

### 찬양시간

**특별찬양 순서.** (소그룹) 하나님과의 교제나 관계 회복에 관한 찬양을 부르거나 테이프를 듣습니다.

### 마침순서

1. **날짜 정하기.** (소그룹) 최종 모임날짜를 정하십시오.

2. **기도.** (소그룹) 둥글게 서서 원을 만들고 손을 잡습니다. 이 성경공부 과정을 통해서 하나님이 이루신 놀라운 일들을 기억하며 가능한 한 많은 감사의 기도를 드리도록 격려하십시오.

## 모임 후에

1. 당신의 경건일기에 그룹원들과 교회를 위해 구체적으로 어떻게 기도할 것인지 기록해 두십시오.

2. 최종모임을 가지십시오. 이 모임 준비에 그룹원들을 참여시키도록 하십시오. 각 사람들에게 최근에 경험한 하나님의 임재에 대해 물어보십시오. 그들의 최근 가지고 있는 기도제목들, 즉 하나님이 주신 소명이라든가 하나님의 기준에 자신들의 삶을 맞추려고 노력하는 부분들에 대해 서로 나누십시오. 마칠 때는 서로를 위해서 대화식 기도를 합니다.

3. 시간을 내어 당신이 인도한 하나님을 경험하는 삶 소그룹 성경공부를 평가해 보십시오. 다음의 질문들에 대한 답을 다른 종이나 경건일기에 간단히 기록하십시오. 시작하기 전에 먼저 하나님의 뜻에 합당하게 평가할 수 있게 해달라고 기도하십시오.
   - 하나님께서는 이 소그룹 성경공부를 통해 당신이 그분과 더 좋은 관계를 발전시킬 수 있도록 어떻게 영향을 끼치셨습니까?
   - 이 성경공부의 결과로 하나님께서는 당신의 교회에 어떤 일들을 이루셨습니까?
   - 당신이 인도했던 그룹원들의 변화에 대한 교회의 영적 지도자들의 반응은 어떤 것이었습니까?
   - 성경공부 과정에서 가장 의미있었던 경험은 무엇이었습니까?
   - 성경공부를 다시 인도하게 된다면 이번과 다르게 진행하고 싶은 부분은 무엇입니까?(그룹원들의 참여, 그룹의 규모, 모임시간과 장소, 학습활동, 기도시간, 그 외에 다른 사항 들을 고려하십시오.)
   - 다음에는 어떤 일을 할 것인지 생각하십시오. 예를 들어 새로운 성경공부 그룹을 인도할 것인지, 다른 LIFE 교과과정을 가르칠 것인지, 아니면 새로운 사역을 시작할 것인지와 같은 결정들입니다.

4. 12주 동안의 과정을 먼저 완벽히 점검한 뒤, "하나님을 경험하는 삶 성경공부 과정 평가"에 그룹원들이 어떻게 평가해 놓았는지 살펴보십시오. 다음번 성경 공부그룹을 인도할 때 개선 또는 보완해야 할 점들에 대해 기록하십시오.

5. 다음의 자료들을 회수하여 다음 번 과정에서 사용할 수 있도록 안전한 장소에 보관하십시오.

- 성경암송 포스터
- 일곱 가지 실체 포스터
- 단원 포스터
- 지도자 지침서에 없는 내용으로 당신이 정한 지침 사항 기록들
- 성경공부 모임을 위해 당신이 준비해 놓았던 각종 자료들

7. 이 과정을 공부하는 동안 하나님께서 당신의 삶과 교회에 베푸신 일들에 대한 감사의 기도를 드리고, 하나님과 교제를 나누는 시간을 잠시 가지시기 바랍니다.

# 단원 복습문제

## 1단원 복습문제

"하나님을 경험하는 삶의 일곱 가지 실체"에 해당하는 각각의 핵심단어를 쓰십시오.

1.

2.

3.

4.

5.

6.

7.

교재 389쪽을 보고 답을 확인하십시오.

*사귐*

A. 나의 이름은 …입니다.
B. 나의 주소는 …입니다.
C. 나의 집과 직장의 전화번호는 …입니다.
D. 나의 고향에서 가장 좋았던 것은 …입니다.
E. 내가 예수님을 나의 구주와 주님으로 영접한 때는 …입니다.
F. 나에 대해 사람들이 모르는 사실 중 아주 재미있는 것이 있는데 그것은 …입니다.
G. 내가 「하나님을 경험하는 삶: 하나님의 뜻을 알고 행하는 길」 과정을 선택한 이유는 …입니다.

## 2단원 복습문제

A. 아래 문장을 읽고 O, ×로 답하십시오.

_____ 1. 하나님께서는 어떤 사람에게 하나님을 위해 무엇을 할 것인지를 연구해 보라고 명령하십니다.(교재 48쪽)

_____ 2. 하나님께서는 그분과의 관계성에 있어서 항상 주도권을 잡으십니다.(교재 57쪽)

_____ 3. 올바른 공식을 따름으로써 하나님의 뜻을 압니다.(교재 65쪽)

_____ 4. 하나님이 말씀하시는 바로 그 순간이 하나님의 시기이다.(교재 67쪽)

B. 다음의 단어를 사용해서 문장의 빈칸을 완성하십시오.

능력　　믿음　　성품　　불신앙

1. 하나님께 표적을 구하는 것은 _______의 증거가 됩니다.(교재 65쪽)
2. 하나님은 주어진 임무를 수행할 수 있도록 거기에 맞는 _______을 키워주십니다.(교재 68쪽)

괄호 안의 페이지를 보고 답을 확인하십시오.

*나눔의 시간 – 2단원*

- 교재 53쪽 중간에 있는 하나님의 심판에 관한 질문들.
- 교재 70-71쪽에 있는 하나님의 주인 되심과 임무에 따라 성품을 키워주시는 것에 관한 네 가지 질문.
- 이 단원을 통해 의미있었던 구절이나 성구, 그리고 하나님께 대한 당신의 응답기도는 어떤 것입니까? 교재 49, 55, 60, 66, 72쪽 중에서 찾아보십시오.

# 3단원 복습문제

A. 다음 중 어떤 것이 당신의 삶에 더 중요한 영향을 끼칩니까?(교재 81쪽)

□ 나의 과거 □ 나의 미래

B. 당신과 하나님과의 사랑의 관계를 이루는 데 누가 주도권을 잡고 있습니까?(교재 88쪽)

□ 나 □ 목회자 □ 하나님

C. 하나님을 경험하는 삶의 두번째 실체의 빈칸을 채우십시오.

하나님은 ______________________

지속적인 ______________________

괄호 안의 페이지를 보고 답을 확인하십시오.

> ***나눔의 시간 – 3단원***
>
> - 당신의 인생과 시간과 재물을 투자하고 있는 것과 하나님께서 조정하기를 원하시는 것은 어떤 부분들입니까?(교재 83쪽)
> - 하나님이 당신을 사랑하신다는 것을 어떻게 압니까?(교재 89쪽)
> - 하나님을 사실적이고, 개인적이며, 실제적으로 경험했을 때를 설명해 보십시오.(교재 95쪽)
> - 이 단원을 통해 의미있었던 구절이나 성구, 그리고 하나님께 대한 당신의 응답기도는 어떤 것입니까? 교재 77-78, 84, 92, 96쪽 중에서 찾아보십시오.

# 4단원 복습문제

A. 왼쪽의 하나님의 본질과 오른쪽의 서술 중에서 서로 연관되는 것끼리 줄로 연결해 보십시오.(교재 110쪽)

| | |
|---|---|
| 1. 하나님은 사랑이시다. • | • A. 하나님의 인도하심은 항상 옳다. |
| 2. 하나님은 전지하시다. • | • B. 하나님은 나로 하여금 그분의 뜻을 행하게 하실 수 있다. |
| 3. 하나님은 전능하시다. • | • C. 하나님의 뜻은 항상 최선이다. |

B. 하나님을 경험하는 삶의 세번째 실체의 빈칸을 채우십시오.

하나님은 당신이 그분의 ______________________ 당신을 초청하십니다.

C. 하나님만이 하실 수 있는 일 가운데 적어도 세 가지를 열거하십시오.(교재 122쪽)

괄호 안의 페이지를 보고 답을 확인하십시오.

> ***나눔의 시간 – 4단원***
>
> - 하나님을 표현하는 이름과 경험을 통해 하나님을 알게 된 사건 하나를 써보십시오.(교재 103-104쪽)
> - (네 명) 제2과의 예배시간 때 가졌던 당신의 생각, 느낌, 경험 등을 나누십시오.(교재 107쪽)
> - 당신의 주위에서 역사하시는 하나님을 어떻게 인지합니까?(교재 125쪽)
> - 이 단원을 통해 의미있었던 구절이나 성구, 그리고 하나님께 대한 당신의 응답기도는 어떤 것입니까? 교재 104, 113, 119, 127쪽 중에서 찾아보십시오.

## 5단원 복습문제

A. 하나님이 구약에서 사람들에게 말씀하셨을 때 나머지 세 가지 요소를 아래의 힌트를 사용해서 써보십시오.(교재 130-132쪽)

1. 하나님이 말씀하실 때 대개는 그 개인에게 독특한 것이었다.
2. 확실함 :
3. 무엇을 :
4. 만남 :

B. 하나님이 성령님으로 말씀하실 때 하나님은 무엇을 계시하십니까?

하나님은 성령님으로 말씀하신다 :

________ 과 그의 ________ 과 그의 ________

C. 왼쪽의 하나님의 계시와 오른쪽에 있는 계시의 이유들을 관계있는 것끼리 줄을 그어 연결해 보십시오.(교재 149쪽)

| 하나님의 계시 | 계시의 이유 |
|---|---|
| 1. 하나님 자신 • | • A. 하나님은 내가 어떻게 하나님만이 하실 수 있는 일을 이룰 수 있는지 알기 원하시기 때문에 |
| 2. 하나님의 목적 • | • B. 하나님이 무엇을 하시는지 알고 내가 하나님의 일에 동참하기를 원하시기 때문에 |
| 3. 하나님의 길 • | • C. 하나님은 내가 하나님이 말씀하신 그대로 하시는 분이라는 것을 믿는 믿음을 갖기 원하시기 때문에 |

괄호 안의 페이지를 보고 답을 확인하십시오.

### *나눔의 시간 - 5단원*

- 이 과정을 공부해 오는 동안 하나님께서 뭐라고 말씀하고 있습니까?(교재 140쪽)
- 하나님이 어떻게 성경말씀을 통해 말씀하십니까?(교재 152쪽)
- 하나님이 어떻게 기도를 통해 말씀하십니까?(교재 159쪽)
- 이 단원을 통해 의미있었던 구절이나 성구, 그리고 하나님께 대한 당신의 응답기도는 어떤 것입니까? 교재 135, 141-142, 149, 156, 163쪽 중에서 찾아보십시오.

## 6단원 복습문제

"하나님을 경험하는 삶의 일곱 가지 실체"의 처음 네 가지 문장을 당신 자신의 말로 써보십시오.(교재 173쪽)

1. 일
2. 관계
3. 초청
4. 말씀하십니다

괄호 안의 페이지를 보고 답을 확인하십시오.

### *나눔의 시간 - 6단원*

- 당신 자신의 영적 표징들을 나누십시오.(교재 188쪽)

## 7단원 복습문제

A. 아래의 힌트를 사용해서 하나님을 경험하는

삶의 다섯번째 실체의 문장을 당신 자신의 말로 써보십시오.

갈등 :

B. 아래 네 문장의 빈칸을 채우십시오.(교재 223쪽)

1. 하나님과의 만남은 ________을 요구한다.
2. 하나님과의 만남은 하나님의 ________이다.
3. 하나님의 ________에 대한 당신의 반응은 하나님에 대한 당신의 믿음을 드러낸다.
4. 진정한 믿음은 ________을 요구한다.

괄호 안의 페이지를 보고 답을 확인하십시오.

> ***나눔의 시간 - 7단원***
>
> • 교재 199-200쪽에 있는 A-D문항들을 보십시오. 먼저 A와 B문항에 대해 당신의 답과 비교해 보고, C와 D문항에 대한 반응을 서로 나누십시오.
> • 당신의 인생에서 믿음이 요구되었던 시기는 언제이며, 그 때 어떻게 응답했습니까?(교재 207쪽)
> • 교재 212-213쪽에 있는 여덟 문항들을 보십시오. 먼저 1-4 문항에 대해 당신의 답과 비교해 보고, 5-8문항에 대한 반응을 서로 나누십시오.
> • 이 단원을 통해 의미있었던 구절이나 성구, 그리고 하나님께 대한 당신의 응답기도는 어떤 것입니까? 교재 201, 208, 215, 221, 225쪽 중에서 찾아보십시오.

## 8단원 복습문제

A. 지금까지 이 단원에서 공부해 온 다음 문장의 빈칸을 채우십시오.(교재 251쪽)

1. 당신이 있던 그 자리에 ____________동시에 하나님과 ____________
2. 순종은 ____________과 주위 사람들에게 ____________________
3. 순종은 하나님이 당신을 통해서 일하시도록 ____________을 요구한다.

B. 당신 자신이나 교회가 하나님의 방향을 찾는 방법 중 가장 좋다고 생각되는 것은 어느 것입니까? 한 가지만 골라 네모칸에 ×표를 하십시오.

☐ a. 좋은 책 ☐ b. 사람들
☐ c. 하나님 ☐ d. 교단의 기관

C. 다음 질문에 답하십시오.

1. 당신은 왜 하나님이 하나님 나라의 목적을 이루는데 당신을 통해서 일하시도록 전적으로 의지해야 합니까?(교재 252쪽)

2. 당신은 왜 주님이 인도하시는 말씀을 들을 때까지 기다려야 한다고 생각하십니까?

괄호 안의 페이지를 보고 답을 확인하십시오.

> ***나눔의 시간 - 8단원***
>
> • 이 단원을 통해 의미있었던 구절이나 성구, 그리고 하나님께 대한 당신의 응답기도는 어떤 것입니까? 교재 232, 237, 242, 250, 257쪽 중에서 찾아보십시오.
> • 이 책을 공부하면서 당신의 생각을 하나님께로 조정한 것을 말해 보십시오.(교재 235쪽)
> • 하나님이 당신에게 요구하신 가장 획기적인 조정은 무엇이었습니까?(교재 235쪽)
> • 당신의 예수님께 대한 조정이나 순종이 매우 값비싼 것임을 경험한 적이 있다면 서로 나누십시오(교재 241쪽)
> • 교재 235-236쪽의 하나님의 사람들이 했던 말 중 가장 뜻있게 다가오는 문장과 그 이유는 무엇입니까?
> • 하나님이 당신 교회에 요구하시는 기도생활과 조정은 어떤 것입니까?(교재 257쪽)

## 9단원 복습문제

이제껏 당신은 "하나님을 경험하는 삶의 일곱 가지 실체"를 공부했습니다. 아래에 제시된 단어들을 사용해서 일곱 가지 실체를 당신 자신의 말로 써보십시오.

1. 일

2. 사랑의 관계

3. 초청

4. 말씀하신다

5. 갈등

6. 조정

7. 순종

교재 389쪽을 보고 답을 확인하십시오.

> ***나눔의 시간 - 9단원***
>
> - 교재 261쪽의 서술 중 당신이 하나님을 사랑하고 순종하는 데 영향을 끼쳤던 말은 무엇입니까?
> - 당신이 경험으로 알게 된 하나님의 이름들을 써보십시오.(교재 278쪽)
> - 교재 267쪽의 A-G 문항에 대한 답을 써보십시오.
> - 교재 273쪽의 서술 중 특별히 당신에게 의미있는 문장은 무엇입니까?
> - 이 단원을 통해 의미있었던 구절이나 성구, 그리고 하나님께 대한 당신의 응답기도는 어떤 것입니까? 교재 265, 271-272, 277, 287쪽 중에서 찾아보십시오.

## 10단원 복습문제

A. 그리스도의 몸에 대한 하나님의 세 가지 관심사를 당신 자신의 말로 써보십시오.(교재 312쪽)

1.

2.

3.

B. 다음 질문에 대한 당신의 답을 써보십시오.

1. 현재 당신 교회의 지체 가운데 하나님이 당신을 더하신 이유가 무엇이라고 생각하십니까?

2. 무엇이 당신 교회에서 그리스도의 몸을 이루는데 가장 효과적으로 돕고 있다고 생각하십니까?

괄호 안의 페이지를 보고 답을 확인하십시오. B항의 두 질문은 당신 자신의 관점을 묻고 있습니다.

> ***나눔의 시간 - 10단원***
>
> - 하나님은 당신의 교회가 결정을 내리는 방법에 대해서 뭐라고 말씀하십니까?(교재 303쪽)
> - 지침서 10단원 복습문제에 있는 B항의 두 질문에 대해 나누십시오.
> - 예수님의 몸에서 당신이 효과적으로 제구실을 하는 데 도움을 줄 만한 것들을 써보십시오.(교재 314쪽)
> - 교재 316쪽에 있는 1-3의 문항들에 대해 답하십시오.
> - 로마서 12장과 고린도전서 12장을 읽고, 하나님이 당신과 당신의 교회가 그리스도의 몸으로 어떻게 제구실을 할 수 있을지에 대해서 말씀하시는 바를 써보십시오.(교재 305-306, 322쪽)

- 이 단원을 통해 의미있었던 구절이나 성구, 그리고 하나님께 대한 당신의 응답기도는 어떤 것입니까? 교재 296, 303, 310, 316, 325쪽 중에서 찾아보십시오.

## 11단원 복습문제

A. 이번 주에 당신이 공부한 하나님 나라의 두 가지 원리를 써보십시오.(교재 335-340쪽)

1.

2.

B. 다음 질문에 대한 당신의 답을 써보십시오.

1. 하나님과 당신의 관계가 당신의 "형제"와의 관계에 어떻게 반영되고 있습니까?(교재 348쪽)

2. 당신의 교회 안에서 보다 완벽한 교제를 경험하기 위하여 무엇이 필요합니까?

3. 하나님께서는 하나님 나라 가운데 당신의 교회가 보다 완벽한 교제를 경험하기를 원하신다는 사실에 대해서 당신은 무엇을 깨닫게 됩니까?

괄호 안의 페이지를 보고 답을 확인하십시오.

*나눔의 시간 - 11단원*

- 지침서 11단원 복습문제에 있는 B항 질문들에 대해 나누십시오.
- 하나님이 당신의 관심을 집중시킨 원리와, 이 원리가 당신의 삶에 적용되려면 하나님이 우리에게 어떤 변화를 일으키기 원하실까요?(교재 343쪽)
- 교재 344쪽의 이 과의 요점을 두 가지로 요약해 써보십시오.
- 이 단원을 통해 의미있었던 구절이나 성구, 그리고 하나님께 대한 당신의 응답기도는 어떤 것입니까? 교재 333, 340, 344, 350, 358쪽 중에서 찾아보십시오.

## 12단원 복습문제

A. 아래에 제시된 단어를 사용해서 코이노니아의 본질을 써보십시오. 그리고 교재 367쪽을 보고 당신의 답을 확인하십시오.

1. 사랑 ____________
2. 순복 ____________
3. 경험 ____________
4. 의지 ____________

B. 짝을 구하십시오. 다음의 단어를 사용해서 "하나님을 경험하는 삶의 일곱 가지 실체"를 당신 자신의 말로 설명하십시오. 당신이 1, 3, 5 그리고 7을 설명하고 파트너가 2, 4, 6을 합니다. 시간이 되면 교대로 하십시오.

당신: (1) 하나님의 일 (3) 하나님이 초청하심 (5) 믿음의 갈등 (7) 그분께 순종함

짝: (2) 사랑의 관계 (4) 하나님이 말씀하심 (6) 조정

*나눔의 시간 - 12단원*

- 이 단원을 통해 의미있었던 구절이나 성구, 그리고 하나님께 대한 당신의 응답기도는 어떤 것입니까? 교재 364, 370, 376, 384쪽 중에서 찾아보십시오.
- 다른 신자들이 선행을 하도록 당신이 격려할 수 있는 방법을 써보십시오.(교재 380쪽)
- 교재 385-386쪽에 있는 B-G 문항들에 대해 답해 보십시오.
- 교재 386-387쪽에 있는 H-I 문항들에 대해 답하고, 그렇게 응답한 이유는 무엇입니까?

하나님을 경험하는 삶—단원 1

요한복음 15 : 5
나는 포도나무요 너희는 가지라 그가 내 안에, 내가 그 안에 거하면 사람이 열매를 많이 맺나니 나를 떠나서는 너희가 아무것도 할 수 없음이라.

하나님을 경험하는 삶—단원 2

시편 20 : 7
어떤 사람은 병거, 어떤 사람은 말을 의지하나 우리는 여호와 우리 하나님의 이름을 자랑하리로다.

하나님을 경험하는 삶—단원 3

마태복음 22 : 37-38
예수께서 이르시되 네 마음을 다하고 목숨을 다하고 뜻을 다하여 주 너의 하나님을 사랑하라 하셨으니 이것이 크고 첫째 되는 계명이요.

하나님을 경험하는 삶—단원 4

요한복음 14 : 21
나의 계명을 지키는 자라야 나를 사랑하는 자니 나를 사랑하는 자는 내 아버지께 사랑을 받을 것이요 나도 그를 사랑하여 그에게 나를 나타내리라.

하나님을 경험하는 삶—단원 5

요한복음 8 : 47
하나님께 속한 자는 하나님의 말씀을 듣나니 너희가 듣지 아니함은 하나님께 속하지 아니하였음이로다.

하나님을 경험하는 삶—단원 6

요한복음 5 : 19
그러므로 예수께서 그들에게 이르시되 내가 진실로 진실로 너희에게 이르노니 아들이 아버지께서 하시는 일을 보지 않고는 아무것도 스스로 할 수 없나니 아버지께서 행하시는 그것을 아들도 그와 같이 행하느니라.

하나님을 경험하는 삶—단원 7

히브리서 11 : 6
믿음이 없이는 하나님을 기쁘시게 하지 못하나니 하나님께 나아가는 자는 반드시 그가 계신 것과 또한 그가 자기를 찾는 자들에게 상 주시는 이심을 믿어야 할지니라.

하나님을 경험하는 삶—단원 8

누가복음 14 : 33
이와 같이 너희 중의 누구든지 자기의 모든 소유를 버리지 아니하면 능히 내 제자가 되지 못하리라.

하나님을 경험하는 삶—단원 9

요한복음 14 : 23
예수께서 대답하여 이르시되 사람이 나를 사랑하면 내 말을 지키리니 내 아버지께서 그를 사랑하실 것이요 우리가 그에게 가서 거처를 그와 함께하리라.

하나님을 경험하는 삶—단원 10

로마서 12 : 5
이와 같이 우리 많은 사람이 그리스도 안에서 한 몸이 되어 서로 지체가 되었느니라.

하나님을 경험하는 삶—단원 11

요한일서 1 : 7
그가 빛 가운데 계신 것같이 우리도 빛 가운데 행하면 우리가 서로 사귐이 있고 그 아들 예수의 피가 우리를 모든 죄에서 깨끗하게 하실 것이요.

하나님을 경험하는 삶—단원 12

히브리서 10 : 24-25
서로 돌아보아 사랑과 선행을 격려하며 모이기를 폐하는 어떤 사람들의 습관과 같이 하지 말고 오직 권하여 그날이 가까움을 볼수록 더욱 그리하자.

## 묵상을 위한 성경구절

다음에 나오는 성경구절들은 「하나님을 경험하는 삶」의 주제와 관련이 있습니다. 이 구절들은 「하나님을 경험하는 삶」 성경공부 동안뿐만 아니라 그 이후에도 당신에게 의미있는 것들이 될 것입니다. 당신은 이 구절들을 성경에 표시해 두고, 공부하며 묵상하기를 원할 수도 있습니다.

**민수기 14:35** – 나 여호와가 말하였거니와 모여 나를 거역하는 이 악한 온 회중에게 내가 반드시 이같이 행하리니 그들이 이 광야에서 소멸되어 거기서 죽으리라.

**신명기 4:7** – 우리 하나님 여호와께서 우리가 그에게 기도할 때마다 우리에게 가까이하심과 같이 그 신이 가까이함을 얻은 큰 나라가 어디 있느냐

**신명기 4:29** – 그러나 네가 거기서 네 하나님 여호와를 찾게 되리니 만일 마음을 다하고 뜻을 다하여 그를 찾으면 만나리라.

**신명기 6:4–5** – 이스라엘아 들으라 우리 하나님 여호와는 오직 유일한 여호와이시니 너는 마음을 다하고 뜻을 다하고 힘을 다하여 네 하나님 여호와를 사랑하라.

**신명기 11:26–28** – 내가 오늘 복과 저주를 너희 앞에 두나니 너희가 만일 내가 오늘 너희에게 명하는 너희의 하나님 여호와의 명령을 들으면 복이 될 것이요 너희가 만일 내가 오늘 너희에게 명령하는 도에서 돌이켜 떠나 너희의 하나님 여호와의 명령을 듣지 아니하고 본래 알지 못하던 신들을 따르면 저주를 받으리라.

**신명기 30:19–20** – 내가 오늘 하늘과 땅을 불러 너희에게 증거를 삼노라 내가 생명과 사망과 복과 저주를 네 앞에 두었은즉 너와 네 자손이 살기 위하여 생명을 택하고 네 하나님 여호와를 사랑하고 그의 말씀을 청종하며 또 그를 의지하라 그는 네 생명이시요 네 장수이시니 여호와께서 네 조상 아브라함과 이삭과 야곱에게 주리라고 맹세하신 땅에 네가 거주하리라.

**역대하 16:9** – 여호와의 눈은 온 땅을 두루 감찰하사 전심으로 자기에게 향하는 자들을 위하여 능력을 베푸시나니 이 일은 왕이 망령되이 행하였은즉 이후부터는 왕에게 전쟁이 있으리이다 하매.

**시편 5:3** – 여호와여 아침에 주께서 나의 소리를 들으시리니 아침에 내가 주께 기도하고 바라리이다.

**시편 25:4–5** – 여호와여 주의 도를 내게 보이시고 주의 길을 내게 가르치소서 주의 진리로 나를 지도하시고 교훈하소서 주는 내 구원의 하나님이시니 내가 종일 주를 기다리나이다.

**시편 33:11** – 여호와의 계획은 영원히 서고 그의 생각은 대대에 이르리로다.

**시편 37:4–5** – 또 여호와를 기뻐하라 그가 네

마음의 소원을 네게 이루어 주시리로다 네 길을 여호와께 맡기라 그를 의지하면 그가 이루시고.

**시편 37:7** – 여호와 앞에 잠잠하고 참고 기다리라 자기 길이 형통하며 악한 꾀를 이루는 자 때문에 불평하지 말지어다.

**시편 40:8** – 나의 하나님이여 내가 주의 뜻 행하기를 즐기오니 주의 법이 나의 심중에 있나이다 하였나이다.

**시편 42:1** – 하나님이여 사슴이 시냇물을 찾기에 갈급함같이 내 영혼이 주를 찾기에 갈급하니이다.

**시편 63:1** – 하나님이여 주는 나의 하나님이시라 내가 간절히 주를 찾되 물이 없어 마르고 황폐한 땅에서 내 영혼이 주를 갈망하며 내 육체가 주를 앙모하나이다.

**시편 86:11** – 여호와여 주의 도를 내게 가르치소서 내가 주의 진리에 행하오리니 일심으로 주의 이름을 경외하게 하소서.

**시편 126:5-6** – 눈물을 흘리며 씨를 뿌리는 자는 기쁨으로 거두리로다 울며 씨를 뿌리러 나가는 자는 반드시 기쁨으로 그 곡식 단을 가지고 돌아오리로다.

**시편 127:1** – 여호와께서 집을 세우지 아니하시면 세우는 자의 수고가 헛되며 여호와께서 성을 지키지 아니하시면 파수꾼의 깨어 있음이 헛되도다.

**잠언 3:5-6** – 너는 마음을 다하여 여호와를 신뢰하고 네 명철을 의지하지 말라 너는 범사에 그를 인정하라 그리하면 네 길을 지도하시리라.

**이사야 1:18-20** – 여호와께서 말씀하시되 오라 우리가 서로 변론하자 너희의 죄가 주홍 같을지라도 눈과 같이 희어질 것이요 진홍같이 붉을지라도 양털같이 희게 되리라 너희가 즐겨 순종하면 땅의 아름다운 소산을 먹을 것이요 너희가 거절하여 배반하면 칼에 삼켜지리라 여호와의 입의 말씀이니라.

**이사야 14:24** – 만군의 여호와께서 맹세하여 이르시되 내가 생각한 것이 반드시 되며 내가 경영한 것을 반드시 이루리라.

**이사야 26:12** – 여호와여 주께서 우리를 위하여 평강을 베푸시오리니 주께서 우리의 모든 일도 우리를 위하여 이루심이니이다.

**이사야 30:1** – 여호와께서 이르시되 패역한 자식들은 화 있을진저 그들이 계교를 베푸나 나로 말미암지 아니하며 맹약을 맺으나 나의 영으로 말미암지 아니하고 죄에 죄를 더하도다.

**이사야 31:1** – 도움을 구하러 애굽으로 내려가는 자들은 화 있을진저 그들은 말을 의지하며 병거의 많음과 마병의 심히 강함을 의지하고 이스라엘의 거룩하신 이를 앙모하지 아니하며 여호와를 구하지 아니하나니.

**이사야 40:31** – 오직 여호와를 앙망하는 자는 새 힘을 얻으리니 독수리가 날개치며 올라감 같을 것이요 달음박질하여도 곤비하지 아니하겠고 걸어가도 피곤하지 아니하리로다.

**이사야 41:10** – 두려워하지 말라 내가 너와 함께 함이라 놀라지 말라 나는 네 하나님이 됨이라 내가 너를 굳세게 하리라 참으로 너를 도와주리라 참으로 나의 의로운 오른손으로 너를 붙들리라.

**이사야 46:11** – 내가 말하였은즉 반드시 이룰 것이요.

**이사야 48:17** – 너희의 구속자시요 이스라엘의 거룩하신 이이신 여호와께서 이르시되 나는 네게 유익하도록 가르치고 너를 마땅히 행할 길로 인도하는 네 하나님 여호와라.

**이사야 55:8-9** – 이는 내 생각이 너희의 생각과 다르며 내 길은 너희의 길과 다름이니라 여호와의 말씀이니라 이는 하늘이 땅보다 높음같이 내 길은 너희의 길보다 높으며 내 생각은 너희의 생각보다 높음이니라.

**이사야 64:4** – 주 외에는 자기를 앙망하는 자를 위하여 이런 일을 행한 신을 옛부터 들은 자도 없고 귀로 들은 자도 없고 눈으로 본 자도 없었나이다.

**예레미야 17:5-7** – 여호와께서 이와 같이 말씀하시니라 무릇 사람을 믿으며 육신으로 그의 힘을 삼고 마음이 여호와에게서 떠난 그 사람은 저주를 받을 것이라 그는 사막의 떨기나무 같아서 좋은 일이 오는 것을 보지 못하고 광야 간조한 곳, 건건한 땅, 사람이 살지 않는 땅에 살리라 그러나 무릇 여호와를 의지하며 여호와를 의뢰하는 그 사람은 복을 받을 것이라.

**예레미야 31:3** – 옛적에 여호와께서 나에게 나타나사 내가 영원한 사랑으로 너를 사랑하기에 인자함으로 너를 이끌었다 하였노라.

**예레미야 33:3** – 너는 내게 부르짖으라 내가 네게 응답하겠고 네가 알지 못하는 크고 은밀한 일을 네게 보이리라.

**다니엘 3:17** – 왕이여 우리가 섬기는 하나님이 계시다면 우리를 맹렬히 타는 풀무불 가운데에서 능히 건져내시겠고 왕의 손에서도 건져내시리이다.

**아모스 3:7** – 주 여호와께서는 자기의 비밀을 그 종 선지자들에게 보이지 아니하시고는 결코 행하심이 없으시리라.

**스가랴 4:6** – 이는 힘으로 되지 아니하며 능력으로 되지 아니하고 오직 나의 영으로 되느니라.

**마태복음 6:31-33** – 그러므로 염려하여 이르기를 무엇을 먹을까 무엇을 마실까 무엇을 입을까 하지 말라 이는 다 이방인들이 구하는 것이라 너희 하늘 아버지께서 이 모든 것이 너희에게 있어야 할 줄을 아시느니라 그런즉 너희는 먼저 그의 나라와 그의 의를 구하라 그리하면 이 모든 것을 너희에게 더하시리라.

**마태복음 7:21-23** - 나더러 주여 주여 하는 자마다 다 천국에 들어갈 것이 아니요 다만 하늘에 계신 내 아버지의 뜻대로 행하는 자라야 들어가리라 그 날에 많은 사람이 나더러 이르되 주여 주여 우리가 주의 이름으로 선지자 노릇 하며 주의 이름으로 귀신을 쫓아 내며 주의 이름으로 많은 권능을 행하지 아니하였나이까 하리니 그 때에 내가 그들에게 밝히 말하되 내가 너희를 도무지 알지 못하니 불법을 행하는 자들아 내게서 떠나가라 하리라.

**마태복음 10:24-25** - 제자가 그 선생보다, 또는 종이 그 상전보다 높지 못하나니 제자가 그 선생 같고 종이 그 상전 같으면 족하도다 집 주인을 바알세불이라 하였거든 하물며 그 집 사람들이랴.

**마태복음 10:39** - 자기 목숨을 얻는 자는 잃을 것이요 나를 위하여 자기 목숨을 잃는 자는 얻으리라.

**마태복음 25:21** - 그 주인이 이르되 잘하였도다 착하고 충성된 종아 네가 적은 일에 충성하였으매 내가 많은 것을 네게 맡기리니 네 주인의 즐거움에 참여할지어다 하고.

**마가복음 9:23** - 예수께서 이르시되 할 수 있거든이 무슨 말이냐 믿는 자에게는 능히 하지 못할 일이 없느니라 하시니.

**누가복음 6:46** - 너희는 나를 불러 주여 주여 하면서도 어찌하여 내가 말하는 것을 행하지 아니하느냐.

**누가복음 9:23-24** - 또 무리에게 이르시되 아무든지 나를 따라오려거든 자기를 부인하고 날마다 제 십자가를 지고 나를 따를 것이니라 누구든지 제 목숨을 구원하고자 하면 잃을 것이요 누구든지 나를 위하여 제 목숨을 잃으면 구원하리라.

**누가복음 10:22** - 내 아버지께서 모든 것을 내게 주셨으니 아버지 외에는 아들이 누구인지 아는 자가 없고 아들과 또 아들의 소원대로 계시를 받는 자 외에는 아버지가 누구인지 아는 자가 없나이다.

**누가복음 11:28** - 예수께서 이르시되 오히려 하나님의 말씀을 듣고 지키는 자가 복이 있느니라 하시니라.

**요한복음 3:16** - 하나님이 세상을 이처럼 사랑하사 독생자를 주셨으니 이는 그를 믿는 자마다 멸망하지 않고 영생을 얻게 하려 하심이라.

**요한복음 6:44** - 나를 보내신 아버지께서 이끌지 아니하시면 아무도 내게 올 수 없으니 오는 그를 내가 마지막 날에 다시 살리리라.

**요한복음 6:63** - 살리는 것은 영이니 육은 무익하니라 내가 너희에게 이른 말은 영이요 생명이라.

**요한복음 6:65** - 또 이르시되 그러므로 전에 너희에게 말하기를 내 아버지께서 오게 하여 주지 아니하시면 누구든지 내게 올 수 없다 하였노라 하시니라.

**요한복음 7:17** – 사람이 하나님의 뜻을 행하려 하면 이 교훈이 하나님께로부터 왔는지 내가 스스로 말함인지 알리라.

**요한복음 8:31-32** – 너희가 내 말에 거하면 참으로 내 제자가 되고 진리를 알지니 진리가 너희를 자유롭게 하리라.

**요한복음 8:36** – 그러므로 아들이 너희를 자유롭게 하면 너희가 참으로 자유로우리라.

**요한복음 10:10** – 도둑이 오는 것은 도둑질하고 죽이고 멸망시키려는 것뿐이요 내가 온 것은 양으로 생명을 얻게 하고 더 풍성히 얻게 하려는 것이라.

**요한복음 12:26** – 사람이 나를 섬기려면 나를 따르라 나 있는 곳에 나를 섬기는 자도 거기 있으리니 사람이 나를 섬기면 내 아버지께서 그를 귀히 여기시리라.

**요한복음 14:6** – 내가 곧 길이요 진리요 생명이니 나로 말미암지 않고는 아버지께로 올 자가 없느니라.

**요한복음 14:26** – 보혜사 곧 아버지께서 내 이름으로 보내실 성령 그가 너희에게 모든 것을 가르치고 내가 너희에게 말한 모든 것을 생각나게 하리라.

**요한복음 15:10** – 내가 아버지의 계명을 지켜 그의 사랑 안에 거하는 것같이 너희도 내 계명을 지키면 내 사랑 안에 거하리라.

**요한복음 15:16** – 너희가 나를 택한 것이 아니요 내가 너희를 택하여 세웠나니 이는 너희로 가서 열매를 맺게 하고 또 너희 열매가 항상 있게 하여 내 이름으로 아버지께 무엇을 구하든지 다 받게 하려 함이라.

**요한복음 16:8** – 그가 와서 죄에 대하여, 의에 대하여, 심판에 대하여 세상을 책망하시리라.

**요한복음 16:13** – 그러나 진리의 성령이 오시면 그가 너희를 모든 진리 가운데로 인도하시리니 그가 스스로 말하지 않고 오직 들은 것을 말하며 장래 일을 너희에게 알리시리라.

**요한복음 17:3** – 영생은 곧 유일하신 참 하나님과 그가 보내신 자 예수 그리스도를 아는 것이니이다.

**사도행전 1:8** – 오직 성령이 너희에게 임하시면 너희가 권능을 받고 예루살렘과 온 유대와 사마리아와 땅 끝까지 이르러 내 증인이 되리라 하시니라.

**로마서 8:26-27** – 이와 같이 성령도 우리의 연약함을 도우시나니 우리는 마땅히 기도할 바를 알지 못하나 오직 성령이 말할 수 없는 탄식으로 우리를 위하여 친히 간구하시느니라 마음을 살피시는 이가 성령의 생각을 아시나니 이는 성령이 하나님의 뜻대로 성도를 위하여 간구하심이니라.

**로마서 8:28** – 우리가 알거니와 하나님을 사랑하는 자 곧 그의 뜻대로 부르심을 입은 자들에게는 모든 것이 합력하여 선을 이루느니라.

**로마서 8:35, 37** – 누가 우리를 그리스도의 사랑에서 끊으리요 환난이나 곤고나 박해나 기근이나 적신이나 위험이나 칼이랴, 그러나 이 모든 일에 우리를 사랑하시는 이로 말미암아 우리가 넉넉히 이기느니라.

**고린도전서 2:9** – 기록된 바 하나님이 자기를 사랑하는 자들을 위하여 예비하신 모든 것은 눈으로 보지 못하고 귀로 듣지 못하고 사람의 마음으로 생각하지도 못하였다 함과 같으니라.

**고린도전서 4:2** – 그리고 맡은 자들에게 구할 것은 충성이니라.

**고린도전서 15:10** – 그러나 내가 나 된 것은 하나님의 은혜로 된 것이니 내게 주신 그의 은혜가 헛되지 아니하여 내가 모든 사도보다 더 많이 수고하였으나 내가 한 것이 아니요 오직 나와 함께하신 하나님의 은혜로라.

**고린도후서 5:19** – 곧 하나님께서 그리스도 안에 계시사 세상을 자기와 화목하게 하시며 그들의 죄를 그들에게 돌리지 아니하시고 화목하게 하는 말씀을 우리에게 부탁하셨느니라.

**갈라디아서 2:20** – 내가 그리스도와 함께 십자가에 못박혔나니 그런즉 이제는 내가 사는 것이 아니요 오직 내 안에 그리스도께서 사시는 것이라 이제 내가 육체 가운데 사는 것은 나를 사랑하사 나를 위하여 자기 자신을 버리신 하나님의 아들을 믿는 믿음 안에서 사는 것이라.

**갈라디아서 5:6** – 그리스도 예수 안에서는 할례나 무할례나 효력이 없으되 사랑으로써 역사하는 믿음뿐이니라.

**에베소서 3:20-21** – 우리 가운데서 역사하시는 능력대로 우리가 구하거나 생각하는 모든 것에 더 넘치도록 능히 하실 이에게 교회 안에서와 그리스도 예수 안에서 영광이 대대로 영원 무궁하기를 원하노라 아멘.

**빌립보서 1:6** – 너희 안에서 착한 일을 시작하신 이가 그리스도 예수의 날까지 이루실 줄을 우리는 확신하노라.

**빌립보서 2:13** – 너희 안에서 행하시는 이는 하나님이시니 자기의 기쁘신 뜻을 위하여 너희에게 소원을 두고 행하게 하시나니.

**빌립보서 3:8** – 또한 모든 것을 해로 여김은 내 주 그리스도 예수를 아는 지식이 가장 고상하기 때문이라 내가 그를 위하여 모든 것을 잃어버리고 배설물로 여김은 그리스도를 얻고.

**빌립보서 3:10** – 내가 그리스도와 그 부활의 권능과 그 고난에 참여함을 알고자 하여 그의 죽으심을 본받아.

**빌립보서 4:13** – 내게 능력 주시는 자 안에서 내가 모든 것을 할 수 있느니라.

**빌립보서 4:19** – 나의 하나님이 그리스도 예수 안에서 영광 가운데 그 풍성한 대로 너희 모든 쓸 것을 채우시리라.

**골로새서 2:8** – 누가 철학과 헛된 속임수로 너희를 사로잡을까 주의하라 이것은 사람의 전통과 세상의 초등학문을 따름이요 그리스도를 따름이 아니니라.

**골로새서 2:9–10** – 그 안에는 신성의 모든 충만이 육체로 거하시고 너희도 그 안에서 충만하여졌으니 그는 모든 통치자와 권세의 머리시라.

**골로새서 3:4** – 우리 생명이신 그리스도께서 나타나실 그 때에 너희도 그와 함께 영광중에 나타나리라.

**히브리서 1:1–2** – 옛적에 선지자들을 통하여 여러 부분과 여러 모양으로 우리 조상들에게 말씀하신 하나님이 이 모든 날 마지막에는 아들을 통하여 우리에게 말씀하셨으니 이 아들을 만유의 상속자로 세우시고 또 그로 말미암아 모든 세계를 지으셨느니라.

**히브리서 11:1** – 믿음은 바라는 것들의 실상이요 보이지 않는 것들의 증거니

**히브리서 13:8** – 예수 그리스도는 어제나 오늘이나 영원토록 동일하시니라.

**야고보서 1:3–4** – 이는 너희 믿음의 시련이 인내를 만들어 내는 줄 너희가 앎이라 인내를 온전히 이루라 이는 너희로 온전하고 구비하여 조금도 부족함이 없게 하려 함이라.

**야고보서 1:5** – 너희 중에 누구든지 지혜가 부족하거든 모든 사람에게 후히 주시고 꾸짖지 아니하시는 하나님께 구하라 그리하면 주시리라.

**야고보서 2:26** – 영혼 없는 몸이 죽은 것같이 행함이 없는 믿음은 죽은 것이니라.

**야고보서 4:8** – 하나님을 가까이하라 그리하면 너희를 가까이하시리라 죄인들아 손을 깨끗이 하라 두 마음을 품은 자들아 마음을 성결하게 하라.

**베드로전서 4:10** – 각각 은사를 받은 대로 하나님의 여러가지 은혜를 맡은 선한 청지기같이 서로 봉사하라.

**요한일서 3:16** – 그가 우리를 위하여 목숨을 버리셨으니 우리가 이로써 사랑을 알고 우리도 형제들을 위하여 목숨을 버리는 것이 마땅하니라.

**요한일서 4:9–10** – 하나님의 사랑이 우리에게 이렇게 나타난 바 되었으니 하나님이 자기의 독생자를 세상에 보내심은 그로 말미암아 우리를 살리려 하심이라 사랑은 여기 있으니 우리가 하나님을 사랑한 것이 아니요 하나님이 우리를 사랑하사 우리 죄를 속하기 위하여 화목 제물로 그 아들을 보내셨음이라.

# 경건일기 기록방법

당신은 이 과정을 공부하면서 "영적인 삶"을 경험하게 될 것입니다. 당신이 경험하는 그 "영적인 삶"에 대하여 후일 되새겨보고 참고할 수 있도록 기록해 놓으십시오. 하나님께서는 당신에게 말씀하실 때 당신이 그 말씀하신 바를 기록하길 원하실 것입니다. 동시에 당신의 그룹과 교회를 위해 기도하게 될 것입니다. 노트가 필요합니다. 노트를 아래와 같이 나누어 사용하십시오. 필요에 따라 아래에 제시된 분야 외에 다른 것을 더 첨가하셔도 됩니다.

### 당신의 경건일기에 포함될 내용들

1. **간증들.** 이 부분은 당신의 삶 속에서, 또한 삶을 통해서 그리고 삶의 주변에서 역사하시는 하나님과 하나님 자신, 그분의 목적과 방법에 대해 당신이 배운 것들을 기록하기 위한 것입니다.

2. **매일의 복습.** "매일 하는 복습"의 마지막에 당신은 그 과의 교훈을 복습하고, 가장 의미 있는 구절이나 성구를 확인한 다음 하나님께 응답하도록 요청받을 것입니다. 경건일기의 복습부분은 하나님께서 당신에게 성경, 기도, 환경, 그리고 교회를 통해 말씀하신 것을 간략하게 요약하는 여백이 있어야 합니다. 또한 하나님께서 허락하심으로 깨달은 당신의 변화, 그분께서 당신을 부르시는 방향, 순종의 발걸음들, 그리고 하나님께서 원하시는 당신의 응답내용들을 포함합니다.

## 경건일기 주간복습

경건일기를 기록하면 하나님께서 말씀하시거나 삶 속에서 행하신 중요한 것들을 기억하는데 당신에게 도움이 될 것입니다. 이 과정을 공부하는 동안 매주 당신의 삶 속에서 일하신 하나님을 돌아보기 위해 다음의 질문들을 하십시오. 당신은 단지 하나님께서 행하셨거나 보여주신 것들에 대한 다음 질문들에 응답하기만 하면 됩니다.

1. 하나님 자신에 대해 하나님께서 당신에게 보이신 것은 무엇입니까?(하나님의 이름, 성품, 본질)

2. 하나님의 목적에 대해 하나님께서 당신에게 보이신 것은 무엇입니까?(하나님의 뜻, 계획, 바람, 당신 주변에서 역사하시는 하나님, 당신에게 부여하신 사역, 하나님의 목적, 목표)

3. 하니님의 방법에 대해 하나님께서 당신에게 보여주신 것은 무엇입니까?(하나님께서 행하시는 방법, 행하시는 일, 주어진 환경에 하나님께서 사용하시는 종류의 사람들, 하나님의 사역에 사람들을 동참시키시는 방법, 목적을 이루시는 하나님의 방법)

4. 당신의 삶 속에서 혹은 삶을 통해서 하나님의 살아 계심을 경험하도록 하기 위해 하나님께서는 무엇을 하셨습니까?

5. 하나님께서는 하나님 자신, 그분의 목적 혹은 방법을 말씀하시기 위해 어떤 성경구절을 사용하셨습니까?

6. 하나님께서 당신에게 기도하도록 해주신 특정한

3. **주간복습.** 한 주를 보내면서 하나님께서 행하신 일들을 돌아보기 위해 "경건일기 주간복습"의 질문들을 사용하십시오.

4. **기도요청.** 이 부분은 각 그룹모임 시간에 나눈 기도제목을 기록하고, 그 기도에 응답된 내용들이 기록될 것입니다. 다음과 같은 요청들이 포함될 수 있습니다.
   - 개인 요청
   - 그룹원을 위한 요청
   - 교회를 위한 요청
   - 특별 요청

## 하나님을 경험하는 삶 성경공부 과정평가

그룹 인도자: __________ 일시: __________

다음 영역에서 인도자를 평가하여 또 다른 그룹을 인도하는 데 적절한 준비를 하도록 도움을 주십시오. 적당한 번호에 표시하십시오.

4 = 아주 훌륭함 3 =훌륭함 2 = 보통임 1 = 향상될 필요있음

4-3-2-1 그룹 안에서 사랑과 용납의 분위기를 만들었다.
4-3-2-1 그룹의 참여를 촉진시켰다.
4-3-2-1 그룹원들을 지원했다.
4-3-2-1 그룹의 성경공부를 위해 준비했다.
4-3-2-1 긍정적인 자세를 계속 유지했다.
4-3-2-1 성령님의 활동에 반응하는 민감성을 보여주었다.

사람이나 기도제목은 무엇입니까? 무엇이 이 사람이나 기도제목을 위해 기도하도록 인도했습니까?

7. 당신에게 주어진 환경을 통해서 하나님의 때, 혹은 하나님의 뜻과 관련되는 어떤 방향을 알도록 하기 위해 하나님은 무엇을 하셨습니까?

8. 다른 그리스도인을 통해 하나님께서 당신에게 말씀하셨다고 느끼는 진리의 말씀 혹은 인도의 말씀은 무엇입니까?

9. 하나님께서 당신의 삶 속에서 인도하신 변화는 무엇입니까?

10. 이번 주에 당신이 보인 순종의 행위는 무엇입니까? 당신이 보기에 어떤 순종의 행위가 하나님께서 원하시는 것입니까?

다음 질문에 응하여 당신의 그룹 인도자가 차후에 하나님을 경험하는 삶을 가지고 다른 그룹을 인도할 때를 위해 능력을 기르도록 도움을 주십시오.

1. 당신의 그룹 인도자에게 가장 감사하는 것은 무엇입니까?

2. 당신의 그룹 인도자가 차후에 그룹을 인도하면서 교수방법과 그룹의 경험을 향상시킬 수 있도록 무엇을 제안하겠습니까?

3. 그룹 성경공부를 하는 동안 어떤 활동이 가장 의미 있었습니까? 그 이유는 무엇입니까?

4. 어떤 종류의 활동이 가장 의미가 없었습니까? 그 이유는 무엇입니까?

5. 그룹 성경공부를 하는 동안 가장 많은 시간을 할애했으면 하는 것은 무엇인지 가능하다면 한 가지만 선택해서 써주십시오(예를 들면 짝기도나 간증 나눔). 그 이유는 무엇입니까?

6. 어떤 것이든 그룹 성경공부를 하는 동안 빈도수를 가장 적게 했으면 하는 것은 무엇입니까? 그 이유는 무엇입니까?

7. 주님과 동행하는 데 이 공부가 당신을 어떻게 도와주었다고 생각하십니까?

8. 하나님이 당신 삶을 통해 원하시는 것 가운데 이 과정을 공부하는 동안 당신에게 보여주신 것은 무엇입니까?(두세 가지 정도 말하십시오.)

9. 하나님의 사역에 당신이 동참하도록 하나님이 인도하셨다고 느낄 수 있는 획기적인 조정은 무엇입니까?

10. 이 과정을 공부하는 동안 당신 삶 가운데 혹은 삶을 통하여 보여주신 하나님의 활동 중에서 가장 의미있게 당신이 경험한 것은 무엇입니까? 하나님께서 무엇을 하셨는지 설명하십시오.

## 연습문제 1: 예수님의 예

예수께서 그들에게 이르시되 내 아버지께서 이제까지 일하시니 나도 일한다 하시매…그러므로 예수께서 그들에게 이르시되 내가 진실로 진실로 너희에게 이르노니 아들이 아버지께서 하시는 일을 보지 않고는 아무것도 스스로 할 수 없나니 아버지께서 행하시는 그것을 아들도 그와 같이 행하느니라 아버지께서 아들을 사랑하사 자기가 행하시는 것을 다 아들에게 보이시고 또 그보다 더 큰일을 보이사 너희로 놀랍게 여기게 하시리라.

요한복음 5:17, 19-20

**요한복음 5:17, 19-20을 읽고, 다음의 질문에 답하십시오.**

1. 누가 항상 일하고 계십니까? ____________
2. 아들이 혼자 할 수 있는 일이 얼마나 됩니까? ____________
3. 아들은 무엇을 합니까? ____________
4. 아버지는 왜 아들에게 그가 하시는 일을 보여주십니까? ____________

위 구절은 예수님이 하나님께서 무엇을 하실지를 어떻게 알게 되셨는지 보여주는 예입니다. 그분의 뜻을 알고 행하신 예수님의 접근방법을 요약해 보겠습니다.

**예수님의 예**

- 아버지께서 이제까지 일하셨다.
- 나도 일한다.
- 나는 아무것도 스스로 할 수 없다.
- 나는 아버지께서 하시는 일을 주시하여 본다.
- 나는 아버지께서 이미 행하고 계신 일을 보고 행한다.
- 아버지께서는 아들을 사랑하신다.
- 어버지께서는 자기의 행하시는 것을 다 아들에게 보이신다.



## 연습문제 2: 하나님을 경험하는 삶의 일곱 가지 실체

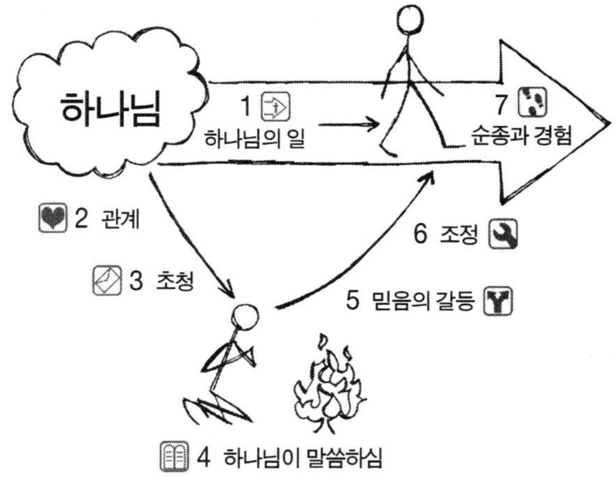


1. 하나님은 항상 당신의 주위에서 일하고 계십니다.
2. 하나님은 당신과 실제적이고, 개인적이며, 지속적인 사랑의 관계를 추구하십니다.
3. 하나님은 당신이 그분의 일에 참여하도록 당신을 초청하십니다.
4. 하나님은 하나님 자신과 자신의 목적과 길을 보여주기 위하여 성령님에 의해 성경, 기도, 환경과 교회를 통해서 말씀하십니다.
5. 하나님의 부르심은 항상 당신을 믿음의 갈등으로 몰아넣고, 결단과 그에 따른 행동을 요구합니다.
6. 당신은 하나님의 역사에 참여하기 위해서 당신의 인생을 하나님의 뜻에 맞게 조정해야 합니다.
7. 당신이 하나님께 순종하고, 하나님이 당신을 통해서 그분의 일을 성취하심으로 말미암아 당신은 경험으로 하나님을 알게 됩니다.

**요단**사역정신

"그러므로 너희는 가서 모든 민족을 제자로 삼아 아버지와 아들과 성령의 이름으로
침(세)례를 베풀고 내가 너희에게 분부한 모든 것을 가르쳐 지키게 하라
볼지어다 내가 세상 끝날까지 너희와 항상 함께 있으리라 하시니라"

1. **For God and Church**
   하나님의 영광과 그의 몸 된 교회의 영적 성장과 성숙을 위한 도서를 엄선하여 출판한다.
2. **Prayer-focused Ministry**
   기획 · 편집 · 제작 · 보급의 전 과정을 기도 가운데 진행한다.
3. **Path to Church Growth**
   건강한 교회를 세우는 축복의 통로로 섬긴다.
4. **Good Stewardship and Professionalism**
   선한 청지기와 프로정신으로 문서 사역에 임한다.
5. **Creating a Culture of Christianity by Developing Contents**
   각종 문화 컨텐츠를 개발함으로 기독교 문화 창달에 기여한다.